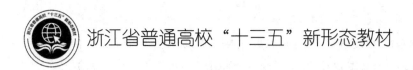

浙江省普通高校"十三五"新形态教材

微商城创业实战

主 编 张 琼

副主编 陈维维 徐 亮 占 玲

西安电子科技大学出版社

内 容 简 介

本书以企业微商城项目的创建和运营为逻辑主线，主要作为高职院校实训课程工作手册和作业指导，兼顾课程思政。全书共 10 个项目，分别为微商城创业准备、微信公众号建立、入驻微商城、微商城搭建、微商城装修、地推活动、站内营销、微信营销、站外营销和微商城运营。本书配有视频、PPT 等数字化素材，可帮助读者进行立体化学习。

本书可作为高职高专电子商务、经济贸易、工商管理、物流管理等相关专业的教材，也可作为各类电子商务课程的培训教材，还可供微商城创业人员学习参考。

图书在版编目(CIP)数据

微商城创业实战 / 张琼主编. —西安：西安电子科技大学出版社，2022.11
ISBN 978−7−5606−6524−5

Ⅰ.①微… Ⅱ.①张 Ⅲ.①网络营销 Ⅳ.①F713.365.2

中国版本图书馆 CIP 数据核字(2022)第 104821 号

策　　划　刘小莉
责任编辑　刘小莉
出版发行　西安电子科技大学出版社(西安市太白南路 2 号)
电　　话　(029) 88202421　88201467　　　　邮　　编　710071
网　　址　www.xduph.com　　　　　　　　电子邮箱　xdupfxb001@163.com
经　　销　新华书店
印刷单位　陕西天意印务有限责任公司
版　　次　2022 年 11 月第 1 版　　2022 年 11 月第 1 次印刷
开　　本　787 毫米×1092 毫米　　1/16　印张 13.5
字　　数　318 千字
印　　数　1～2000 册
定　　价　41.00 元
ISBN　978−7−5606−6524−5 / F

XDUP 6826001−1

如有印装问题可调换

前　言

社群营销发展到今天，在中国的网络市场得到了充分的实践和拓广。尤其是腾讯的微信 App，不仅实现了企业所需的"社交"功能，也成为全球极具影响力的综合型移动端电子商务平台。

本书充分考虑了中小微企业的人才需求，以真实的茶企微商城项目"西湖雅集社"和校园微信公众号"麦集"为载体，以微商城创业为切入点，通过 10 个项目介绍了微商城创业所需的专业知识和相关技能，以及创新意识和创新思维。本书以工学结合、工作任务引导的全新创作形式，使读者掌握微商城创建和运营的基本技能。在每个项目中，结合实训内容和"茶文化"拓展知识配备的相应视频，可供读者反复观看、学习。除了实训内容外，每个任务结尾还附加了实战任务，供读者思考和实践。

全书共 10 个项目，其中项目一、三、四、十由张琼编写，项目二、八、九由陈维维编写，项目五、六、七由徐亮编写，"茶文化"课程思政模块的视频由占玲编辑。本书在编写过程中得到了"西湖雅集社"和"有赞"等企业一线运营人员以及院校专业人士的大力支持和帮助，在此对他们深表感谢。

由于编者水平和经验有限，书中难免有欠妥和遗漏之处，恳请广大读者批评指正。

编　者

2022 年 7 月

目　　录

项目一　微商城创业准备

学习提示

　　本项目基于真实的茶企微信公众号"西湖雅集社"和校园微信公众号"麦集"，运用移动端体验和网络调研等方式，使创业者迅速对微商城创业有所认知，体会到移动电子商务与传统商务的不同之处，对电子商务的发展现状有所了解，为进一步学习打下基础。

微商城创业准备

学习重点

　　学会评估创业条件，能进行市场调研和创业整体策划。

学习难点

　　学会进行市场定位分析，选择细分市场，制订战略目标。

任务 1　微商城应用体验

任务目标

- 知识目标：了解创业的含义及一般过程，了解创业者应具备的素质和能力。
- 能力目标：能主动搜寻创业机会，准确选择网上创业方式并整合所需资源，开展创业准备。
- 素质目标：通过实践，提高创业者发现问题、分析问题和解决问题的能力。

案例引入

　　"西湖雅集社"微信公众号创建于 2020 年，创始人的创业理念是借助"茶"载体，打造茶文化场景，让更多的茶叶消费者践行茶道。

　　"西湖雅集社"公众号整合了有关"茶"的各项资源，如茶器茶礼、雅集茶事、空间设计等，如图 1-1 所示。

图 1-1 　"西湖雅集社"微信公众号

知识准备

网上创业不能只凭对电子商务的一腔热情，还需要精心准备。作为初次尝试网上创业的人，在开始创业活动之前，首先应了解创业常识，选择网上创业方式，整合网上创业所需的各种资源，并在此基础上进行创业项目的初步策划。

一、什么是创业

创业是指创业者围绕创业机会，创新性地提供产品或服务、实现价值创造的过程。

创业活动的特点：围绕商机而展开；与创新有着不可分割的内在联系；能够实现价值的创造；须以顾客为导向。

二、创业的一般过程

(1) 理解创业：参加创业培训、创业测评。

(2) 酝酿创业：了解创业环境，发挥自身优势，制订创业规划，识别创业机会。

(3) 启动创业：组建创业团队，筹集资金，设计企业制度，注册成立企业。

(4) 创业管理：生产运营，市场营销，人力资源管理，财务管理等。

三、创业者素质

(一) 创业者的基本素质和能力

创业者应具备的基本素质有创业意识、创业精神和心理品质。创业者应具备的能力有机会识别能力、组织协调能力、风险应对能力、人际交往能力和创新能力。

(二) 创业者的知识储备

1. 网络知识

电子商务所依赖的网络主要是指计算机网络，是把地理位置不同的具有独立功能的多台计算机及其外部设备通过通信线路连接起来，在网络操作系统、网络管理软件及网络通信协议的管理和协调下，实现资源共享和信息传递的计算机系统。

2. 商务知识

商务是指一切与买卖商品服务相关的商业事务，是人类社会再生产4个环节(生产、分配、交换、消费)中的交换环节。电子商务就是利用网络来完成交换活动的过程。完成交换活动需要交换双方能够在一个特定的场所完成信息对接，这个特定的场所就是市场。网络的出现使信息的交换变得更加便利。

3. 一般性知识

创业者需要的一般性知识包括法律、税收、管理等经营知识以及生活常识等。

(三) 成功创业者的心理特质

成功创业者的心理特质包括主动性、灵活变通、坚韧、适中的冒险性、独立、自控性强、自信等。

实训内容

一、关注"西湖雅集社"公众号

(1) 分析公众号各模块以及功能，画出草图。

(2) 从店铺定位、店铺介绍、店铺装修、宝贝分类以及营销策略等维度进行分析，总结该公众号的优缺点，并提出自己的建议。

二、关注"西湖雅集社"视频号

(1) 总结该视频号的营销策略。

(2) 总结该视频号的优缺点。

三、使用思维导图

1. 制作百度脑图

(1) 打开百度，搜索百度脑图，进入脑图的首页。如果没有百度账号，则需要注册一个百度账号。

(2) 点击"新建脑图"，创建一个新的脑图，那么页面就会跳转至下

制作思维导图

一界面，在该界面中心即可输入主标题。

(3) 在外观处可以按照个人喜好更改脑图的显示方式。

(4) 选中主标题更改之后，即可在主标题下插入同级主题或者下级主题。

(5) 通过"另存为"可以将制作好的脑图保存至电脑，也可以存在云端，随取随用。

2. 画出"西湖雅集社"思维导图

在草稿纸上画出"西湖雅集社"思维导图的草图后，利用百度脑图将其制作成电子版，修改完善后保存该脑图。

一、关注校园公众号"麦集"

浙江长征职业技术学院"麦集"校园公众号于 2016 年创立。一名会计系学生入学后不久，便萌发了建立公众号的念头，在学校因地制宜开展创业实践。他从一开始无从下手，到寻找志同道合的同学注册企业，再到设立"学校资源"和"二手集市"两个简单模块，创业之路平凡却不简单。

如今"麦集"公众号整合了校园各项资源，模块丰富、功能强大，而且不断有新的合伙人加入并产生新的创意。目前，"麦集"已经成为校园最大的公众号平台，如图 1-2 所示。

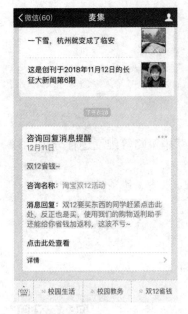

图 1-2　"麦集"微信公众号

二、分析公众号模板及功能

使用思维导图分析校园公众号各模块及功能，总结该公众号有什么优缺点，想一想还有哪些功能模块拓展空间？

任务 2　市 场 调 研

任务目标

- 知识目标：了解网络市场调查研究的方法，了解调研报告的结构。
- 能力目标：能利用网络开展调研，写出简单的调研报告。
- 素质目标：善于质疑问难、规划总结。

案例引入

杭州思加益少儿教育中心是行业内领先的少儿培训机构，主要从事教育信息咨询(不包括留学中介)、文化艺术交流活动策划等服务。杭州思加益本着"客户第一，诚信至上"的原则，以实力和质量获得了业界的高度认可。

近日，思加益邀请了美国 Mary Evans 博士为杭州的少儿家长举办了一期讲座，讲座的主题是"家长如何为资优学生制订培养方案"。

思加益从招生营销的目标出发，制作了一个公众号文案，写作思路为引发兴趣、激发潜在需求、从信任到信赖、从信赖到想拥有、替客户做决定。

试为"家长如何为资优学生制订培养方案"讲座制定调查问卷，问题为 15～20 个，同时要使用网络工具"问卷星"来设置题目，如图 1-3 所示。

图 1-3　"家长如何为资优学生制订培养方案"调查问卷

知识准备

　　调研报告不同于调查报告，调查报告是因为发生了某件事(如案件、事故、灾情)才去作调查，然后写出报告。调研报告的写作者必须自觉以研究为目的，根据社会或工作的需要，制订出切实可行的调研计划，即将被动的适应变为有计划的、积极主动的写作实践，从明确的追求出发，经常深入到社会第一线，不断了解新情况、新问题，有意识地探索和研究，写出有价值的调研报告。

　　调研报告是整个调查工作——计划、实施、收集、整理等一系列过程的总结，是调查研究人员劳动与智慧的结晶，也是客户需要的最重要的书面结果之一。它是一种沟通、交流形式，其目的是将调查结果、战略性的建议以及其他结果传递给管理人员或其他担任专门职务的人员。因此，认真撰写调研报告、准确分析调研结果、明确给出调研结论，是报告撰写者的责任。

一、调研报告的特点

1. 注重事实

　　调研报告讲求事实。它通过调查得来的事实材料说明问题，用事实材料阐明观点，揭示出规律性的东西，引出符合客观实际的结论。写入调研报告的材料都必须真实无误，调研报告中涉及的时间、地点、事件经过、背景介绍、资料引用等都要求准确真实。只有用事实说话，才能提供解决问题的经验和方法，研究的结论才能有说服力。如果调研报告失去了真实性，也就失去了它赖以存在的科学价值和应用价值。

2. 论理性

　　调研报告的主要内容是事实，主要的表现方法是叙述。调研报告的目的是从这些事实中概括出观点，观点是调研报告的灵魂。既要做到弄清事实，又要做到说明观点。这就需要在对事实叙述的基础上进行恰当的议论，表达出论文的主题思想。议论是"画龙点睛"之笔。调研报告紧紧围绕事实进行议论，要求叙大于议，有叙有议，叙议结合。夹叙夹议是调研报告写作的主要特色。

3. 语言简洁

　　调研报告的语言简洁明快，这种文体是充足的材料加少量的议论，不要求细腻的描述，只要有简明朴素的语言报告客观情况。但由于调研报告也涉及可读性问题，所以语言可以生动活泼，适当采用群众性的生动而形象的语言。同时注意使用一些浅显生动的比喻，增强说理的形象性和生动性，但前提必须是为说明问题服务的。

二、调研报告的类型

　　调研报告可按不同的方法进行分类，常见的分类方法如下：

(1) 按服务对象分，可分为市场需求者调研报告(消费者调研报告)和市场供应者调研报告(生产者调研报告)。

(2) 按调研范围分，可分为全国性市场调研报告、区域性市场调研报告和国际性市场调研报告。

(3) 按调研频率分，可分为经常性市场调研报告、定期性市场调研报告和临时性市场调研报告。

(4) 按调研对象分，可分为商品市场调研报告、房地产市场调研报告和金融市场调研报告等。

三、网络市场的调研方法

开展网络调研需要了解网络市场调研方法。网络市场的调研方法分为网络直接市场调研和网络间接市场调研两种。

网络直接市场调研是指利用互联网技术，通过网上问卷等形式调查网络消费者行为及其意向的一种市场调研类型，可以分为网上问卷调研、网上社群调研等。网络直接市场调研可以通过在调研网站发布调研问卷、发送电子邮件、召开视频会议、发起投票、IP搜集等不同方式完成。

网络间接市场调研主要是利用互联网收集与企业营销相关的市场、竞争者、消费者以及宏观环境等方面的信息。网络间接市场调研一般通过搜索引擎搜索有关站点的网址，然后访问想查找信息的网站或网页的方法来完成。

想要了解校园师生需求，既可以使用直接市场调研方法，也可以用间接调研法搜集网络中一些研究机构已经公开的调研结果。

四、调研报告的格式

(一) 标题

调研报告要采用能揭示内容中心的标题，具体写法有以下几种。

1. 公文式标题

这类调研报告标题多数由事由和文种构成，平实沉稳，如《关于校园消费品市场需求的调研报告》；也有一些由调研对象和"调查"二字组成，如《校园消费品市场调查》。

2. 一般文章式标题

这类调研报告标题直接揭示调研报告的主要内容，十分简洁，如《本市年轻人饮茶爱好》。

3. 提问式标题

这是典型调研报告常用的标题写法，特点是具有吸引力，如《年轻人喜欢喝什么》。

4. 正副题结合式标题

这是用得比较普遍的一种调研报告标题，正题揭示调研报告的思想意义，副题表明调研报告的事项和范围，如《深化高职院校课程思政——关于浙江长征职业技术学院课程思政创新的调查》。

(二) 正文

调研报告的正文包括前言、主体和结尾三部分。

1. 前言

调研报告的前言简要地叙述了对某个问题(工作、事件、人物)进行调查的原因，调查的时间、地点、对象、范围、经过和采用的方法，以及调查对象的基本情况、历史背景和调查后的结论等。

调研报告开头的方法很多，有的采用设问手法，有的开门见山，有的画龙点睛，这些都没有固定形式，但一般要紧扣主旨，引起读者注意，为主体部分做展开准备，并且文字要简练，概括性要强。

2. 主体

主体是调研报告的主干和核心，是引语的引申，是结论的依据。这部分主要写明事实的真相、收获、经验和教训，即介绍调查的主要内容是什么，为什么会是这样的。主体部分包括大量的材料——人物、事件、问题、具体做法、困难等，内容较多。因此，要精心安排调研报告的层次和结构，有步骤、有次序地表现主题。调研报告中关于事实的叙述和议论主要写在这部分里，是充分表现主题的重要部分。

一般来说，调研报告主体的结构有以下三种形式：

(1) 横式结构：把调查的内容加以综合分析，紧紧围绕主旨，按照不同的类别分别归纳成几个问题来写，每个问题可加上小标题，而且每个问题里往往还有着若干个小问题。典型经验性质的调研报告格式一般采用这种结构。

(2) 纵式结构：有两种形式。一是按调查事件的起因、发展和先后次序进行叙述和议论。一般调研报告和揭露问题的调研报告多采用这种结构形式，有助于读者对事物发展有深入全面的了解。二是按成绩、原因、结论层层递进的方式安排结构。一般综合性质的调研报告多采用这种结构形式。

(3) 综合式结构：兼有纵式和横式两种特点，互相穿插配合地组织安排材料。一般在叙述和议论发展过程时用纵式结构，而写收获、认识和经验教训时采用横式结构。

调研报告的主体部分不论采取什么结构方式，都应该做到先后有序、主次分明、详略得当、联系紧密、层层深入，为更好地表达主题服务。

3. 结尾

结尾是调研报告分析问题、得出结论、解决问题的必然结果。不同调研报告的结尾写法各不相同。一般来说，调研报告的结尾有以下五种写法：

(1) 对调研报告归纳说明，总结主要观点，深化主题，以提高人们的认识。

(2) 对事物发展做出展望，提出努力的方向，启发人们进一步去探索。

(3) 提出建议，供他人参考。

(4) 写出存在的问题或不足，说明有待今后研究解决。

(5) 补充交代正文没有涉及而又值得重视的情况或问题。

总之，调研报告结尾要简洁有力，有话则长，无话则短，没有必要也可以不写。

在线设计问卷

一、"问卷星"在线问卷调查

1. 在线设计问卷

"问卷星"提供了所见即所得的设计问卷界面，支持 49 种题型以及信息栏和分页栏，并可以给选项设置分数(可用于考试、测评问卷)，可以设置关联逻辑、引用逻辑、跳转逻辑，同时还提供了大量的专业问卷模板。

2. 发布问卷并设置属性

问卷设计好后可以直接发布并设置相关属性，如问卷分类、说明、公开级别、访问密码等。

3. 发送问卷

通过微信、短信、QQ、微博、邮件等方式将问卷链接发给问卷者填写，或者通过发送邀请邮件邀请某些人填写问卷。

4. 查看调查结果

通过柱状图、饼状图、圆环图、条形图等查看统计图表，查看答卷详情，分析答卷来源的时间段、地区和网站。

5. 创建自定义报表

自定义报表中可以设置一系列筛选条件，不仅可以根据答案来做交叉分析和分类统计，还可以根据填写问卷所用时间、来源地区和网站等筛选出符合条件的答卷集合。

6. 下载调查数据

调查完成后，可以下载统计图表到 Word 文件保存、打印，在线通过 SPSS 进行分析，或者下载原始数据到 Excel，导入 SPSS 等调查分析软件作进一步的分析。SPSS 英文全称为 Statistical Product and Service Solutions(统计产品与服务解决方案)。

二、对周边的老师、朋友或同学进行抽样调查

可以列出大众使用校园微信公众号的情况(如表 1-1 所示为教职员工和学生使用校园微信公众号的情况)，并对校园微信公众号市场需求调查的调研结果进行分析(如表 1-2 所示)，总结大众对校园微信公众号业务模块的需求及其对不同营销活动的偏好。

表 1-1 　教职员工和学生使用校园微信公众号的情况

调查对象			调查人数		
调查时间			调查人		
用 户 画 像					
用户年龄	大一	大二	大三	教职员工	
性别		男		女	
在线行为	交友、聊天	浏览信息	查阅	购物	
用户信息获取能力调查					
微信好友	50 人以下	50～100 人	100～200 人	200～500 人	500 人以上
微信群数量	1	2	3～5	5～10	10 个以上
最关注的信息	好友日常动态更新	浏览电商/微商的信息	更新公众号动态	自己发布的信息	
喜欢何种形式信息	图片	文字	视频	文章链接	

表 1-2 　校园微信公众号市场需求调查

微信购物	几乎每天	经常	偶尔	从不
网购原因	便捷	商户有优惠	盲目跟风	其他
微信每天支付金额	10 元以下	10～50 元	50～100 元	100 元以上
微信支付领域	手机、游戏币等充值	吃喝玩乐消费	其他生活资费	购买电影票等
其他微信功能使用	微信卡包	微信运动/公益捐助	微信读书	微信理财

三、调研总结

(1) 用户群体有哪些特征？

(2) 用户获取信息与什么有关？

(3) 用户的哪些消费习惯、消费需求在影响营销？

(4) 如何优化自己的业务活动内容及流程？

一、利用网络平台信息调研

利用网络开展调研，搜集校园微信公众号运营现状相关报告、报道、文献等，整理成一份校园微信公众号运营现状调查报告。

二、利用网络调研工具调研

通过"问卷星"调查了解，说明当前的校园公众号有哪些功能模块和营销方式？有哪些方面的事情可以做？

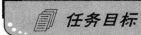

任务3　市场定位分析

任务目标

- 知识目标：掌握市场细分的概念和理论、目标市场选择策略以及市场定位步骤。
- 能力目标：能够对微信公众号进行定位分析。
- 素质目标：提高深入思考、善于分析的能力。

案例引入

与传统媒体和其他新型媒体一样，影响力和关注度是校园微信公众平台的生命线。调查发现，中央财经大学校内 56 个微信公众平台，其影响力和关注度差别较大，这从每个微信公众账号的粉丝数量和内容被转载的频率以及受众范围可以作出判断。根据粉丝数量和影响力大小，选出 3 个影响力较大的微信公众平台，简要介绍如下。

一、"神马中财"微信公众平台

"神马中财"取名自中央财经大学雕塑"吞吐大荒"中的"神马"，是学校团委主办的官方微信公众平台，于 2014 年 4 月 18 日正式上线，主要为师生推送学校团学资讯和丰富多彩的社团活动信息，同时提供一些学习信息、生活分享等内容，帮助师生了解校园文化，更好地融入学校生活。"神马中财"由校团委老师提供指导，学生团队负责具体运营工作。该微信平台栏目设置包括神马预告、神马公告、神马视角、回音壁、神马分享等。截至 2017 年年底，关注人数超万人。

二、"中央财经大学沙河校区"微信公众平台

"中央财经大学沙河校区"是由沙河校区办公室负责运营的微信平台，于 2013 年 7 月正式上线，是校内建立时间较早的微信公众号，目前由沙河校区办公室一位工作人员负责素材搜集、消息编写、信息回复等各项日常运营。该平台最初设计定位是面向整个沙河校区的师生，及时发布学习生活服务内容和校内重要信息。该平台所推送的内容主要来自校园网官方发布的信息和沙河校区办公室自己原创的内容，还设置有查班车时间、查快递、查天气、回音壁、查图书、查校历、查自习室等项目，为师生提供便捷服务。截至 2017 年 5 月，该平台已吸引粉丝数 7135 人。

三、"中财蹦豆"微信公众平台

"中财蹦豆"是一个完全由校内学生创办并独立运营的民间微信公众平台，于2014年7月上线运营，截至2017年5月，已有粉丝14 300人，在首都高校学生群体中有较高的知名度。该平台基于中财学生的学习生活需要，设置有通知公告、表白墙、失物招领、吐槽墙、微信群讲座、非诚勿扰、实习招聘、中财合伙人等栏目，并可根据实际需要灵活调整。目前，该平台有26人参与运营，分为微信运营部、影视部、外联部、新闻部4个部门，运作较为规范。创办者已注册北京蹦豆科技有限公司，尝试利用该平台进行创业。

知识准备

一、市场细分的概念及理论

(一) 市场细分的概念

市场细分是目标市场分析三个步骤(市场细分、目标市场选择、市场定位)中的关键一步。市场细分就是在市场调查研究的基础上，根据消费者的需求、购买习惯和购买行为的差异性，把整个市场细分为几个有明显区别的消费者群体，他们可能需要不同的产品和市场营销组合。

市场由购买者组成，而购买者可能在一个或者多个方面相同，如需求、资源、居住地、购买态度和购买行为。因此，市场细分不是对产品进行分类，而是对消费者的需求进行分类。通过市场细分，公司将大而庞杂的市场划分为小的细分市场，以便更为有效地提供满足用户独特需求的产品和服务。

(二) 市场细分的原则

1. 可发展性原则

市场细分的目的是更好地满足目标市场的需求，在特定的目标客户中创造差异化价值，获取更高的利润，但如果细分后的市场面太狭小，目标客户群不足以支撑企业发展所必需的利润，那么这种细分就是失败的。

2. 可识别性原则

细分市场可识别的具体表现为可以用人口统计学、情感价值数据、行为方式数据等来描述。如果细分后的市场太过模糊，企业对该细分市场的特征、客户特性、数量都一无所知，这种细分就失去了意义。

3. 可占据性原则

细分市场非常重要的一点就是要考虑与企业的资源匹配，企业能够利用其现有的优势、能力、人才、生产技术去有效占领这个细分市场。

4. 可持续性原则

占领后的目标市场要能保证企业的经营在相当长的一个时期内是稳定的，避免目标市场变动过快给企业带来风险和损失，要保证企业长期稳定的利润。

(三) 市场细分的作用

市场细分的主要作用表现在以下几个方面：

第一，有利于企业分析、发现新的市场机遇。通过市场细分，企业可以对每个细分市场进行了解，掌握在不同市场中顾客的需求。尤其是对于资源不占优势的中小企业，可以通过市场细分选择一个最适合自身发展的目标市场，集中优势力量满足用户。

第二，有利于提高企业的应变能力。通过市场细分，明确了企业的服务对象，在瞬息万变的市场竞争中更容易调整自身，加强自身的竞争力。

第三，有利于中小企业集中资源取得更大的经济效益。通过市场细分，企业采取集中营销策略可获得最大收益。

第四，有利于企业深入研究潜在的需要，不断开发新产品来提高竞争力。通过市场细分，使得企业目标更加明确，可以深入消费者当中及时了解消费者的变化，发现消费者的潜在需求，继而开发新的产品来满足消费者的需求。

(四) 市场细分的因素

常用的也是比较重要的市场细分是消费者市场细分，以下列举市场细分的几个主要因素。

1. 地理细分

地理细分是把市场分成不同的地理区域，如国家、地区、州、县、城市、农村或者街区。每个人生活的地方、区域、环境不同，所带有的消费观念与行为也是不尽相同的，因此地理因素是市场细分的重要因素之一。

2. 人口细分

人口细分将市场按人口因素分为多个群体，这些因素有年龄、性别、家庭人口、家庭生活周期、收入、职业、教育、宗教、种族和国籍等。消费者的需求、愿望和使用率随人口因素的不同而变化，因此该因素是最常用的消费者群体细分的基础。例如，手机行业中根据性别因素来定义市场细分的品牌——朵唯，其手机都是特别为女性定做的；根据年龄段定义的细分市场，国产品牌的新星——OPPO 时尚音乐手机，消费群体基本为时尚、爱好音乐的年轻一代。

3. 心理细分

心理细分是根据社会阶层、生活方式或个性特点，将消费者分为不同的群体。例如，很多品牌会在暑期推出学生手机；Pottery Barn 不仅仅出售家具，也提供了消费者向往的一整套生活方式。

4. 行为细分

行为细分是根据人们对产品的了解、态度、反应和使用情况，将消费者分为不同的群体。这些行为基本包括时机、寻求利益、使用者情况、使用率、忠诚度等细分因素。

二、目标市场选择策略

目标市场选择策略是指企业决定选择哪些细分市场为目标市场，然后据以制订企业营销策略。目标市场选择策略通常有 5 种模式。

1. 市场集中化

企业选择一个细分市场，集中力量为之服务。较小的企业一般这样做，可以集中精力营销，也可以填补市场的一部分空白。

2. 产品专门化

企业集中生产一种产品，并向所有顾客销售这种产品。例如，服装厂商为青年、中年和老年消费者销售高档服装，企业为不同的顾客提供不同种类的高档服装产品和服务，而不生产消费者需要的其他档次的服装。

3. 市场专门化

企业专门服务于某一特定消费群，尽力满足他们的各种需求。例如，企业专门为老年消费者提供各种档次的服装。

4. 有选择的专门化

企业选择几个细分市场，每一个细分市场对企业的目标和资源利用都有一定的吸引力。这种策略能分散企业经营风险。

5. 完全市场覆盖

企业力图用各种产品满足各种消费群体的需求，即以所有的细分市场作为目标市场。例如，服装厂商为不同年龄层次的消费者提供各种档次的服装。

三、市场定位的概念及理论

(一) 市场定位的概念

市场定位是在 20 世纪 70 年代由美国营销学家艾里斯和杰克·特劳特提出的，是指企业根据竞争者现有产品在市场上所处的位置，针对消费者对该类产品某些特征或属性的重视程度，为本企业产品塑造与众不同的、印象鲜明的形象，并将这种形象生动地传递给消费者，从而使该产品在市场上确定适当的位置。

(二) 市场定位的本质

市场定位并不是对一件产品本身做些什么，而是在潜在消费者的心目中做些什么。市场定位的本质是将本企业和其他企业严格区分开来，向消费者传递品牌独一无二的利益，使消费者明显感觉和认识到这种差别，从而使产品在消费者心目中占有特殊的位置。

(三) 市场定位的三个步骤

第一步：分析目标市场的现状，确认潜在的竞争优势。

这一步骤的中心任务是回答三个问题：竞争对手产品定位如何？目标市场上消费者的欲望满足程度如何，其真实需求是什么？针对竞争者的市场定位和潜在消费者真正需要的利益要求，企业应该及能够做什么？要回答这三个问题，企业市场营销人员必须通过一切调研手段，系统地设计、搜索、分析并报告有关上述问题的资料和研究结果，从而把握自己的竞争优势。

第二步：准确选择竞争优势项目，对目标市场初步定位。

竞争优势表明企业项目能够胜过竞争对手的能力。这种能力既可以是现有的，也可以是潜在的。选择竞争优势实际上就是一个企业与竞争者各方面实力相比较的过程。通常的方法是分析、比较企业与竞争者在经营管理、技术开发、采购、生产、市场营销、财务和产品这7个方面的强项和弱项，借此选出最适合本企业的优势项目，以初步确定企业在目标市场上所处的位置。

第三步：显示独特的竞争优势和重新定位。

这一步骤的主要任务是企业通过一系列的宣传促销活动，将其独特的竞争优势准确传播给潜在消费者，并在消费者心目中留下深刻印象。为此，首先企业应使目标消费者了解和偏爱本企业的市场定位，在消费者心目中建立与该定位相一致的形象。其次，企业通过各种努力强化目标消费者形象，保持对目标消费者的了解，稳定目标消费者的态度和加深目标消费者的感情来巩固与市场相一致的形象。最后，企业应注意目标消费者对其市场定位理解出现的偏差或由于企业市场定位宣传上的失误而造成的目标消费者模糊、混乱和误会，及时纠正与市场定位不一致的形象。

企业的产品在市场定位上即使很恰当，但在下列两种情况下，还应考虑重新定位。

第一种：竞争者推出的新产品定位于本企业产品附近，侵占了本企业产品的部分市场，使本企业产品的市场占有率下降。

第二种：消费者的需求或偏好发生了变化，使本企业产品销售量骤减。

重新定位是指企业为已在某市场销售的产品重新确定某种形象，以改变消费者原有的认识，争取有利的市场地位的活动。例如，某日化厂生产婴儿洗发剂，以强调该洗发剂不刺激眼睛来吸引有婴儿的家庭，但随着出生率的下降，销售量逐渐减小。为了增加销售量，该企业将产品重新定位，强调使用该洗发剂能使头发松软有光泽，以吸引更多、更广泛的消费者。重新定位对于企业适应市场环境、调整市场营销战略是必不可少的，可以视为企业的战略转移。

实训内容

通过网络调研，对"西湖雅集社"进行市场细分和定位。

一、市场现状分析

"西湖雅集社"是公司精心打造的一个"半公益"性质的文化品牌。尽管茶市场没有任何事实上的进入壁垒，但消费者的信任和品牌忠诚将成为最强大的壁垒。

首先，挑战来自强手林立的竞争参与者。梅家坞农家茶舍等迎合现代消费趋势的旅游茶文化产品以及一些传统茶品牌已经占领了大部分市场。其次，挑战来自企业的能力。茶市场复杂多变的特征导致各品牌发展缓慢，"西湖雅集社"必须培育更强的市场洞察力，形成更具成长性的营销模式，才能在竞争中突围。

二、"西湖雅集社"内外部环境分析

1. 内部环境分析

分析企业的内部环境，S(Strengths)是优势、W(Weaknesses)是劣势。

优势(S)：人才资源充足；资本力量雄厚；无形资源充足。

劣势(W)：互联网运营经验不足；投入大，回报率低。

2. 外部环境分析

分析企业的外部环境，O(Opportunities)是机会、T(Threats)是威胁。

机会(O)：用户参与感强；用户潜在需求空间大；优质品牌和产品稀缺。

威胁(T)：受众市场有限；现有和潜在竞争激烈。

3. 战略组合

(1) 多元化战略(ST 组合)：拓展产业链，挖掘上下游市场；强化用户参与；加强创新，探索新的茶文化产品呈现方式。

(2) 增长型战略(SO 组合)：找准定位，发挥优势；打造品牌，吸引用户；开发资源，扩展市场。

(3) 防御型战略(WT 组合)：明确成本意识，优胜劣汰；活跃用户和培养新用户；差异化经营，提升核心竞争力。

(4) 扭转型战略(WO 组合)：建立互联网人才引进机制；以市场为导向；寻求优势互补和强强联手。

三、市场定位

(1) 产品定位：中高档传统品牌茶叶以及茶器、茶礼、古器、文房、食器等。

(2) 企业定位：茶产品运营、茶文化传播。

(3) 竞争定位：公司的茶馆位于杭州中国茶叶博物馆龙井馆区，拥有得天独厚的地理位置和环境；公司拥有雄厚的资本和资源。

(4) 消费者群体定位：茶为国饮，自古以来茶与文人雅士有着不解之缘，饮茶的最高境界与文人雅士崇尚自然山水、恬然淡泊的生活情趣相对应。他们饮茶不为解渴，更多的是追求内心的一片静谧，因而文人雅士饮茶不仅讲究何时何处，还讲究用茶用水，这类人群饮茶一般会选用一些较好的茶品。另外，他们还讲究泡茶用具，喜欢欣赏泡茶过程，讲究与何人共饮。所以"西湖雅集社"定位于文人雅士，提高了"西湖雅集社"的品位。另外，商务人士也是"西湖雅集社"的目标消费者群体。

根据以上分析，为"西湖雅集社"制订市场营销组合策略。

实战任务

SWOT 分析法即态势分析法，就是将与研究对象密切相关的各种主要内部优势、劣势和外部的机会与威胁通过调查列举出来，并依照矩阵形式排列，然后用系统分析的思想，把各种因素相互匹配起来加以分析，从中得出一系列相应的结论，而结论通常带有一定的决策性。

按照企业竞争战略的完整概念，战略应是一个企业"能够做的"(即组织的强项和弱项)和"可能做的"(即环境的机会和威胁)之间的有机组合。

运用这种方法，可以对研究对象所处的情景进行全面、系统、准确的研究，从而根据研究结果制订相应的发展战略、计划以及对策等。SWOT 态势分析法如图 1-4 所示。

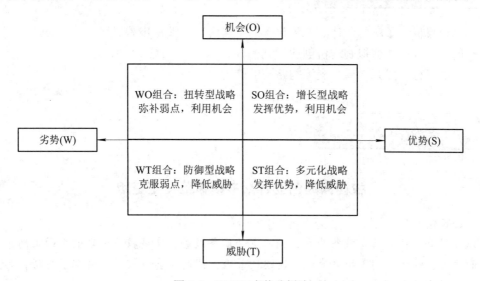

图 1-4　SWOT 态势分析法

运用 SWOT 态势分析法，对创业项目进行战略分析，填写在表 1-3 内。

表 1-3　创业项目战略分析

外部分析	内 部 分 析	
	优势(S)	劣势(W)
机会(O)		
威胁(T)		

任务4　拟制创业计划书

 任务目标

- 知识目标：了解创业计划书应包含的主要内容、编写步骤。
- 能力目标：能够拟制一份创业计划书。
- 素质目标：提升沟通、交流与路演的能力。

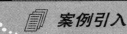 **案例引入**

校园网站创业计划书模板范文完整版

一、定位

以提供全方位的信息服务为主，辅以电子商务服务，实现校方管理的全面上网，突出网络的方便、快捷，利于校方的统一网络化管理，同时丰富在校学生的课余生活，为广大师生的校园生活提供最大的方便和空间。

二、目标

在校园局域网与广域网建立的基础上，将此校园网站办成为全体师生提供全方位服务的多功能网站，可使学校的教学教务管理电脑化、网络化。通过在互联网上的链接，扩大学院在社会上的知名度。服务的对象是全体在校学生和教职员工，校方在管理时采用网络系统，能使信息更快速、安全、准确地流通。

三、主页

主页包括站点导航、搜索引擎、时事新闻、公告栏、会员俱乐部、天气预报6个模块。

四、内容

网站开设"学校在线""缤纷校园"两大频道。下面就这两大频道进行详细说明。

(一) 学校在线

1. 首页

学校在线的首页包括"学院风采""教学与教务""网上图书馆""后勤中心"等项目。每项都可介绍一些主要内容，单击"更多"按钮可进入对应项目中。

2. 学院风采

学院风采下设数个小专题，包括"我爱我校"——对学校历史、地理位置、校园全景的介绍；"名声在外"——详细介绍学校在学术方面的优点，与国内外的交流、参加的研讨会等；"校友通讯录"——由各班的在校生自行创建。该版块设置在公众网上，主要面对的对象是校外的网民，从而扩大学校的知名度。

3. 教学与教务

教学与教务包括"学籍管理""教学一览""教材仓库"等版块，还将在每学期开学初设置"课程表"一项。该版块的目的是使学校的管理透明化，更使学生快速方便了解自己的课程情况。

4. 网上图书馆

网上图书馆可在网上查阅各类图书的目录及借阅情况——"图书查阅"，同时可在网上"预定借书"，目的在于方便师生，节省时间。建立所有图书的数据库，在预定借书时，键入借书证号、班级、姓名和所需书名，注明取书时间即可。

5. 后勤中心

后勤中心提供"网上订购火车票"的服务，链接到其他网站的订票专区上，由校园网作为销售代理，提供送票上门服务，票到付款，加收五元的送票手续费。"场地预订"提供的是校内各娱乐场所的时间安排表，使预订者更容易做出决定。"网上银行"的思路将在校园网建设比较完善后成为现实，需与银行共建。

(二) 缤纷校园

1. 首页

缤纷校园的首页包括"魅力青年""多彩生活""勤工助学""点歌台"等项目。每项都可介绍一些主要内容，单击"更多"按钮可进入对应项目中。

2. 魅力青年

魅力青年主要介绍学院每届优秀的毕业生以及在校的优秀大学生，号召广大同学以他们为榜样，努力向他们学习。

3. 多彩生活

多彩生活主要介绍学院大学生丰富的校园课余生活，同学们可以加入学院已有社团或者自组社团来丰富自己的生活。页面上有每个社团的名字，单击进入可以了解每个社团的详细情况。

4. 勤工助学

勤工助学主要介绍学院的相关政策以及申请的程序，为贫困学生提供一个锻炼自我的机会，同时减轻贫困学生生活上的压力。页面上对每个勤工助学的岗位都作了详尽的说明，单击进入后可查看相关信息。

5. 点歌台

点歌台主要介绍的是学院的学生可以利用校园广播站进行点歌。在页面相应的位置输入姓名、联系方式、所点歌曲名称、收歌人班级、姓名等内容后，广播站就可以根据实际情况进行播放，满足大家的生活需求。

知识准备

创业计划书是一份全方位的商业计划，其主要用途是便于投资商对企业或项目作出评判，从而使企业获得融资。

创业计划书是创业者叩响投资者大门的"敲门砖",一份优秀的创业计划书往往会使创业者达到事半功倍的效果。编写创业计划书的流程如图 1-5 所示。

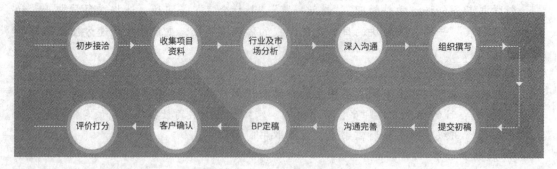

图 1-5　编写创业计划书的流程

一、创业计划书的内容

一般来说,创业计划书中应该包括创业的种类、资金规划及基金来源、资金总额的分配比例、阶段目标、财务预估、营销策略、可能风险评估、创业的动机、股东名册、预定员工人数等。其具体内容一般包括以下 11 个方面。

1. 封面

封面的设计要有审美观和艺术性,一个好的封面会使阅读者产生最初的好感,形成良好的第一印象。

2. 计划摘要

计划摘要涵盖了计划的要点,以便读者能在最短的时间内评审计划并作出判断。

计划摘要一般包括公司介绍、管理者及其组织、主要产品和业务范围、市场概貌、营销策略、销售计划、运营计划、财务计划、资金需求状况等内容。

3. 企业介绍

企业介绍的目的不是描述整个计划,也不是提供另外一个概要,而是对公司作出介绍,因而重点是公司理念和如何制订公司的战略目标。

4. 行业分析

行业分析中包括正确评价所选行业的基本特点、竞争状况以及未来的发展趋势等内容。

行业分析的典型问题如下:

(1) 该行业发展程度如何?现在的发展动态如何?

(2) 创新和技术进步在该行业中扮演着一个怎样的角色?

(3) 该行业的总销售额有多少?总收入为多少?发展趋势怎样?

(4) 价格趋向如何?

(5) 经济发展对该行业的影响程度如何?政府是如何影响该行业的?

(6) 决定该行业发展的因素是什么?

(7) 竞争的本质是什么?你将采取什么样的战略?

(8) 进入该行业的障碍是什么?你将如何克服?该行业典型的回报率有多少?

5. 产品(服务)介绍

产品(服务)介绍应包括以下内容：产品的概念、性能及特性，主要产品介绍，产品的市场竞争力，产品的研究和开发过程，发展新产品的计划和成本分析，产品的市场前景预测，产品的品牌和专利等。

在产品(服务)介绍部分，企业家要对产品(服务)作出详细的说明，说明要准确，也要通俗易懂，要让不是专业人员的投资者也能明白。一般来说，产品介绍都要附上产品原型、照片或其他介绍。

6. 人员及组织结构

在创业计划书中，必须对主要管理人员加以阐明，介绍他们所具有的能力，他们在本企业中的职务和责任，他们的详细经历及背景。此外，在创业计划书中还应对公司结构进行简要介绍，包括公司的组织机构图，各部门的功能与责任，各部门的负责人及主要成员，公司的报酬体系，公司的股东名单及个人股权、比例和特权，公司的董事会成员，各位董事的背景资料。

经验和过去的成功比学位更有说服力。如果准备把一个特别重要的位置留给一个没有经验的人，则一定要给出充分的理由。

7. 市场预测

市场预测应包括以下内容：
(1) 需求预测。
(2) 市场现状综述。
(3) 竞争厂商概览。
(4) 目标顾客和目标市场。
(5) 本企业产品的市场地位等。

8. 营销策略

对市场错误的认识是企业经营失败的主要原因之一。在创业计划书中，营销策略应包括以下内容：
(1) 市场机构和营销渠道的选择。
(2) 营销队伍和管理。
(3) 促销计划和广告策略。
(4) 价格决策。

9. 制造计划

创业计划书中的生产制造计划应包括以下内容：
(1) 产品制造和技术设备现状。
(2) 新产品投产计划。
(3) 技术提升和设备更新的要求。
(4) 质量控制和质量改进计划。

10. 财务规划

财务规划的重点是现金流量表、资产负债表以及损益表的制备。

流动资金是企业的生命线，因此企业在初创或扩张时，对流动资金预先要有周详的计划，在进行过程中则要严格控制。

损益表反映的是企业的盈利状况，它是企业在一段时间运作后的经营结果。

资产负债表则反映在某一时刻的企业状况，投资者可以用资产负债表中的数据得到的比率指标来衡量企业的经营状况以及可能的投资回报率。

11. 风险与风险管理

风险与风险管理的典型问题如下：

(1) 你的公司在市场、竞争和技术方面有哪些基本的风险？

(2) 你准备怎样应付这些风险？

(3) 就你看来，你的公司还有哪些附加机会？

(4) 在你的资本基础上如何进行扩展？

(5) 在最好和最坏情形下，你的五年计划表现如何？

如果估计不够准确，则应该估计出误差范围到底有多大。如果可能，则应对关键性参数做最好和最坏的设定。

二、创业计划书的编写步骤

准备创业方案是一个展望项目未来前景、细致探索其中的合理思路、确认实施项目所需的各种必要资源、寻求所需支持的过程。需要注意的是，并非任何创业方案都要完全包括上述全部内容。创业内容不同，相互之间的差异也很大。

一般情况下，创业计划书的编写分为以下 6 个阶段：

第一阶段：经验学习。

第二阶段：创业构思。

第三阶段：市场调研。

第四阶段：方案起草。

写好全文，加上封面，将整个创业要点写成提要，按下面的顺序将全套创业方案排列起来：

(1) 市场机遇与谋略。

(2) 经营管理。

(3) 经营团队。

(4) 财务预算。

(5) 其他与听众有直接关系的信息和材料，如企业创始人、潜在投资人，甚至家庭成员和配偶。

第五阶段：修饰阶段。

首先，根据报告把最主要的内容写成 1～2 页的摘要，放在计划书最前面。其次，检查错误，千万不要有错别字之类的错误，否则别人会对你做事是否严谨产生怀疑。最后，设计一个漂亮的封面，编写目录与页码，再打印、装订成册。

第六阶段：检查。

可以从以下几个方面加以检查：

(1) 你的创业计划书是否显示出你具有管理公司的经验？

(2) 你的创业计划书是否显示出你有能力偿还借款?

(3) 你的创业计划书是否显示出你已进行过完整的市场分析?

(4) 你的创业计划书是否容易被投资者所领会?创业计划书应该备有索引和目录,以便投资者可以较容易地查阅各个章节。还应保证目录中的信息流是有逻辑和现实依据的。

(5) 你的创业计划书中是否有计划摘要并放在了最前面?计划摘要相当于公司创业计划书的封面,投资者首先会看它。为了引起投资者的兴趣,计划摘要写得引人入胜。

(6) 你的创业计划书是否在文法上全部正确?

(7) 你的创业计划书能否打消投资者对产品(服务)的疑虑?

如果有需要,可以准备一件产品模型。

实训内容

围绕公众号基础建设、内容规划与设计、推广与运营等核心任务,策划一个校园微信公众号,并完成校园微信公众号的搭建与运营。

一、公众号基础建设

1. 公众号定位

公众号名称与行业相关,易记且易识别;公众号描述能够向用户提供有效信息。

2. 底部导航菜单

底部导航分类准确,每个一级导航菜单下均设有二级导航菜单。

1) 自定义菜单介绍

公众号可以在会话界面底部设置自定义菜单,自定义菜单可以按需设定菜单项。

2) 微信公众平台自定义菜单设置方法

登录微信公众平台,依次选择功能→添加功能插件→自定义菜单→添加菜单,然后点击"+"添加子菜单,设置完相关操作后,进行发布即可。

自定义菜单设置时需要注意:

(1) 最多创建 3 个一级菜单,一级菜单名称字数不多于 4 个汉字或 8 个字母。

(2) 每个一级菜单下的子菜单最多可创建 5 个,子菜单名称字数不多于 8 个汉字或 16 个字母。

(3) 根据策划的校园微信公众号设置其底部导航菜单。

二、内容规划与设计

(1) 商品导购文案:撰写不少于 100 字的商品导购文案。文案要求以用户需求为出发点,标题具有吸引力,指明产品能给消费者带来的利益;内容包含用户购买场景、商品信息、关注或购买引导等。

(2) 品牌故事文案:撰写不少于 100 字的品牌故事文案。文案要求以品牌诞生过程为切入点，标题新颖，能把消费者带入情景中；文章情感色彩突出，凸显品牌特点，体现品牌态度和理念，促进消费者主动分享与传播。

(3) 活动促销文案：撰写不少于 100 字的活动促销文案。文案要求促销活动主题明确，包含"双 11""双 12"等电商节庆关键词；文案内容能够体现促销力度，展示商品信息和核心卖点，并引导用户购买。

三、推广与运营

(1) 游戏营销推广：为用户提供两个互动的小游戏，吸引粉丝关注，以此带动公众号的活跃度。

(2) 促销活动推广：选择两款微商城(或微店)店内促销活动，吸引粉丝参与，提高品牌的知名度和影响力。

实战任务

拟制一份校园微信公众号创业计划书，具体要求如下：
(1) 要求公众号创业计划书排版简洁大方，字数不少于 1500 字。
(2) 内容包括公众号定位、内容规划、推广策略以及实施过程等。公众号定位需结合行业内相关公众号的运营情况进行分析；内容规划和推广策略需结合公众号现有内容进行详细阐述，内容规划能够满足用户需求，推广策略能够吸引大量粉丝；实施过程步骤清晰，目的明确。
(3) 方案不仅限于上述内容，若有更多想法或创意，可自由发挥。

知识拓展

茶文化小知识

茶文化意为饮茶活动过程中形成的文化特征，包括茶道、茶德、茶精神、茶联、茶书、茶具、茶画、茶学、茶故事、茶艺等。茶文化起源地为中国。中国是茶的故乡，中国人饮茶据说始于神农时代，少说也有 4700 多年了。中国人民历来就有"客来敬茶"的习惯，这充分反映出中华民族的文明和礼貌。

茶文化小知识

茶文化包括茶叶品评技法、艺术操作手段的鉴赏、品茗美好环境的领略等整个品茶过程的美好意境。其过程体现形式和精神的相互统一，是饮茶活动过程中形成的文化现象。

项目二 微信公众号建立

 学习提示

微信公众号建立

微信公众平台隶属于腾讯科技(深圳)有限公司，它的出现颠覆了传统的营销和服务模式。企业、媒体、组织或个人都可以通过微信公众平台建立自己的微信公众号，用文字、图片、视频等多种方式与服务对象沟通或互动。

学习重点

使学生认识到微信公众号的发展动态，掌握微信公众号的类型，学会微信公众号的注册与认证，并了解微信公众号的基本功能。

 学习难点

学会微信公众号的注册与认证，并能熟练运用微信公众号的基本功能。

任务1 微信公众号简介

 **任务目标**

- 知识目标：了解微信公众号的概念和类型；掌握微信公众号的营销价值。
- 能力目标：辨析微信公众号的类型；理解微信公众号的营销价值。
- 素质目标：训练学生发现问题和分析问题的能力，提高其学习自主性。

案例引入

第三方平台公布"福建财政"微信公众号年度报告

根据第三方微信公众号数据统计平台公布显示，"福建财政"微信公众号在2020年共发布信息1740篇，总字数307.8万字，勤勉度、传播力等指标均超过95%以上的微信公众号运营者。

作为国内专注新媒体大数据运营的"新榜"平台监测显示：2020 年，"福建财政"微信公众号阅读数累计 79 万人次，传播力超过 95.61%的运营者；发布天数 356 天，勤勉度超过 97.44%的运营者；最长持续更新天数 131 天，战斗力超过 95.63%的运营者；热点覆盖率超过 97.67%的运营者。

同为新媒体大数据统计平台的"清博大数据"显示：2020 年，"福建财政"微信公众号的阅读量比 2019 年增加了 58.57%，点赞量比 2019 年增加了 78.26%。

微信公众号是企业、媒体、组织或个人在微信公众平台注册的一个账号，账号开通后，可以为其提供业务服务与用户管理。

一、微信公众号简介

微信公众平台于 2012 年 8 月 23 日正式上线，曾命名为"官号平台"和"媒体平台"，主要面向名人、政府、媒体、企业等机构推出合作推广业务。微信公众号是开发者或商家在微信公众平台上申请的应用账号，通过微信公众号，企业或个人可在微信平台上实现与特定群体的文字、图片、语音、视频等全方位沟通、互动。

微信公众号兴起至今，已经有无数人见证了它的商业价值并从中获利。

第一，为企业提供有忠诚度与活跃度的客户。互联网经济就是流量经济，没有流量的电商是做不好的。微信活跃用户号称将近十亿，海量的用户群体是潜力巨大的营销市场，为企业进行电商运营提供了流量保证。让客户关注公众号，是获客和留客的一种手段。客户一般关注了公众号，就不会轻易地取消关注，因此，企业可以利用这个特点推送商品或分享经验，从而促进客户的转化。通过营销推广活动等，不断积累客户，加强客户黏性，持续实现销售转化。

第二，为客户提供有价值的信息。企业必须为客户提供价值，才能让客户关注且不会轻易取消关注。因此，企业微信公众号必须提供合适的服务或信息，只有这些服务或信息有价值，客户才不会从通讯录里删除公众号，而是对公众号产生依赖。此外，要注意不能过度发送信息。公众号发送内容越频繁，客户流失越快，因为客户已经被过度打扰了。

第三，管理客户。公众号就像是一个客户关系管理系统，以客户数据为中心，通过自动化分析来实现市场营销、销售管理和客户服务，从而使企业实现降低营销成本、缩短营销周期、提高客户满意度的目标。

第四，沟通工具。通过微信公众号发送信息的特点是群发。因此，公众平台更像是一个短信平台，企业或个人可以与客户开展个性化的互动活动，提供更加直接的互动体验。客户可以直接在微信公众号上咨询，也可以发表自己的意见，还可以在微信公众号上直接购买想要的产品或者服务。

第五，市场调查。市场调查是每个企业制订经营策略的重要环节之一。企业通过微信公众号可以对产品使用和用户体验进行市场调查，为客户提供需要的产品和服务，同时制订相应的营销推广计划，从而树立企业形象，提高品牌认知度，最终达到企业销售产品和提供服务的目的。

二、微信公众号类型

微信公众平台在 2013 年 8 月分为订阅号和服务号，在 2014 年 9 月新增了企业号。目前，微信公众号的类型分为四种，分别是服务号、订阅号、企业号和小程序。

(1) 服务号：为企业和组织提供更强大的业务服务与用户管理能力，主要偏向服务类交互(功能类似 12315、114、银行，提供信息绑定、服务交互等)。适用于媒体、企业、政府或其他组织。服务号 1 个月(按自然月)内可群发 4 条消息。

(2) 订阅号：为媒体和个人提供一种新的信息传播方式，主要功能是在微信侧给用户传达资讯(功能类似报纸杂志，提供新闻信息或娱乐趣事)。适用于个人、媒体、企业、政府或其他组织。订阅号(认证用户、非认证用户)1 天内可群发 1 条消息。

(3) 企业号：也就是企业微信，是企业的专业办公管理工具。具有与微信一致的沟通体验，提供丰富免费的办公应用，并与微信消息、小程序、微信支付等互通。其主要功能有智能打卡，自动核算出勤报表，支持固定班次排班、自由上下班和外出打卡；可自定义审批模板，支持会签、上级审批等，适应各种审批流程；连接 CRM 客户管理系统与微信，员工离职可转接客户关系，将客户信息沉淀在企业侧；提供丰富的第三方应用供客户选择，还支持应用程序接口 API 接入企业自有应用。

(4) 小程序：也就是微信小程序，不同于微信订阅号或公众号，微信小程序被赋予了应用程序的能力，不需要下载安装即可使用，体现了"用完即走"的理念，用户不再需要担心是否安装太多应用的问题。

三、公众平台订阅号、服务号、企业号

公众平台订阅号、服务号、企业号的功能区别如图 2-1 所示。

帐号类型	订阅号		服务号		企业号	
	普通订阅号	微信认证订阅号	普通服务号	微信认证服务号	普通企业号	微信认证企业号
业务介绍	为媒体和个人提供一种新的信息传播方式，构建与读者之间更好的沟通与管理模式。		给企业和组织提供更强大的服务与用户管理能力，帮助企业实现全新的公众号服务平台。		帮助企业和组织内部建立员工、上下游合作伙伴与企业IT系统间的连接。	
适用人群	适用于个人和组织		不适用于个人		企业、政府、事业单位或其他组织	
功能权限						
消息直接显示在好友对话列表中			⊘	⊘	⊘	⊘
消息显示在"订阅号"文件夹中	⊘	⊘				
每天可以群发1条消息	⊘	⊘				
每个月可以群发4条消息			⊘	⊘		
无限制群发						
保密消息禁止转发					⊘	⊘
关注时验证身份					⊘	⊘
基本的消息接收/回复接口	⊘	⊘	⊘	⊘	⊘	⊘
聊天界面底部，自定义菜单	⊘	⊘	⊘	⊘	⊘	⊘
定制应用					⊘	⊘
高级接口能力		部分支持		⊘		部分支持
微信支付——商户功能		部分支持		⊘		⊘

图 2-1　订阅号、服务号、企业号功能区别

⊠ 提示：

(1) 如果想简单地发送消息，达到宣传效果，可选择订阅号。

(2) 如果想用公众号获得更多的功能，如开通微信支付，可选择服务号。

(3) 如果想对企业内部使用，如管理企业员工、团队，可选择企业号。

(4) 订阅号在微信认证资质审核通过后，有一个升级为服务号的入口，升级成功后的类型不可再变。

(5) 服务号不可变更成订阅号。

四、微信小程序

通过微信公众平台，开发者可以快速地开发一个小程序。小程序可以在微信内被便捷地获取和传播，同时具有出色的使用体验。全面开放申请后，主体类型为企业、政府、媒体、其他组织或个人的开发者，均可申请注册小程序。小程序、订阅号、服务号、企业号是并行的体系。

微信小程序，英文名为 Mini Program，是一种不需要下载安装即可使用的应用，它实现了应用"触手可及"的梦想，用户通过扫码或搜索即可打开应用。应用将无处不在，随时可用，但又无需安装和卸载。对于开发者而言，小程序开发门槛相对较低，难度不及 App，能够满足简单的基础应用，适合生活服务类线下商铺以及非刚需低频应用的转换。小程序能够实现消息通知、线下扫码、公众号关联等功能。其中，通过公众号关联，用户可以实现公众号与小程序之间的相互跳转。

微信小程序作为一种轻型应用，很有可能是未来移动互联网应用的主要形式，它的特点是小而快，但它不会替代所有的 App，因为微信小程序主要还是解决小应用的问题，重点在于灵活、快捷、用完即走。据统计，首批上线的小程序就有三百多家，掀起了一阵热潮，但从趋势上看，小程序目前的活跃度一直在下降，可能的原因有两个：一是入口不容易找到，浪费用户时间；二是一部分用户在尝试之后就回归到了原生 App，因为原生 App 的体验可能更加丰富。

实训内容

通过以上知识点学习，试着思考、解决以下问题：

(1) 简要阐述微信小程序的性质、适用范围、功能以及与其他自媒体比较的优点和价值，并填写表 2-1。

表 2-1　微信小程序的优点和价值

维　度	微信小程序特点分析
性质	
适用范围	
功能	
优点	
价值	

(2) 利用网络开展调研，搜集相关报告、报道、文献等，整理成一份微信小程序发展调查报告。

(3) 通过调查了解，说明当前微信小程序在本地发展中所处的阶段，以及后续的发展方向。

一、关注饿了么官方订阅号

"饿了么"是中国专业的网上订餐平台，饿了么官方订阅号定期推送最新的公司资讯、最有料的行业指南、最好玩的数据解析、最诱人的福利优惠，以及各种与吃相关的有趣、有用、有爱的内容。

二、关注美团官方服务号

美团作为中国领先的生活服务电子商务平台，公司拥有美团、大众点评、美团外卖等消费者熟知的 App，服务涵盖餐饮、外卖、零售、打车、共享单车、酒店旅游、休闲娱乐等 200 多个品类。

饿了么与美团的微信公众号如图 2-2 所示。

图 2-2　饿了么与美团的微信公众号

三、分析订阅号与服务号异同点

结合具体案例比较分析订阅号与服务号的异同之处，并填入表 2-2 中。

表 2-2　订阅号与服务号的比较分析

比较项目	订 阅 号	服 务 号
公众号名称		
公众号介绍		
平台定位		
消息显示方式		
消息群发次数		
一级菜单		
有无高级接口权限		
有无定制应用		
有无自定义菜单		
申请费		
认证费		

任务2　微信公众号设置

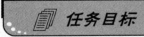

任务目标

- 知识目标：掌握微信公众号的基本设置。
- 能力目标：能够申请并注册微信公众号。
- 素质目标：提升自主学习、解决问题的能力。

案例引入

公众号涉及混淆名称案例规范

微信公众账号名称是用户对公众号的第一感知，作为一种身份识别，起着至关重要的作用。好的名称不但可以为公众号带来流量和价值，而且也具备辨识度。然而，平台发现，有一些公众号通过混淆他人公众号的名称，绕开微信公众账号名称规则，冒充他人进行引流，造成用户的误认与混淆。公众号混淆名称主要体现在以下五个方面。

一、热门账号/游戏应用/影视小说 IP 作品名称

在热门账号/游戏应用/影视小说 IP 作品等名称上加前缀或后缀，添加无实质意义的字母/数字/感叹词/XX 版等，或使用同音/近似字等混淆名称方式，对用户产生混淆、误认、联想或影响。

二、高校/医院等正规机构名称

在高校/医院等正规机构名称或简称上加前缀或后缀，或中间添加其他辅助词等绕开微信公众平台账号名称规则，对用户产生混淆、误认、联想或影响。

三、官方名称

未经授权许可，使用官方名称作为公众号昵称，误导用户认为跟官方有关联，对用户产生混淆、误认、联想或影响。

四、当前热点词

使用当前热点词作为昵称，误导用户认为跟官方有关联，对用户产生混淆、误认、联想或影响。

五、城市或国家全称

使用城市或国家全称作为昵称，误导用户认为跟官方有关联，对用户产生混淆、误认、联想或影响。

平台一旦发现此类违规账号，经评估核实后，其确实存在违反《微信公众平台运营规范》的内容及行为，平台将根据违规程度对该账号采取清除内容、暂停或停止提供部分或全部功能服务，甚至注销该账号等处理措施，并有权拒绝向该运营主体提供服务。

知识准备

微信公众号是开发者或商家在微信公众平台上申请的应用账号。个体户、企业、其他组织、媒体、政府、个人在微信公众平台上注册公众号的步骤各不相同。

一、注册说明

1. 注册公众平台准备材料

注册公众平台需要准备的材料如表 2-3 所示。

2. 信息登记主体类型

如何选择信息登记主体类型？可以参考组织机构代码证上的机构类型，选择公众平台注册的主体类型。组织机构类型如表 2-4 所示。

表2-3　注册公众平台准备材料

个体工商户类型	企业类型	政府及事业单位类型	媒体类型	其他组织类型	个人类型
个体户名称	企业名称	政府机构/事业单位名称	媒体机构名称	组织机构名称	
营业执照注册号/统一信用代码	营业执照注册号/统一信用代码	组织机构代码	组织机构代码/统一信用代码	组织机构代码/统一信用代码	
运营者身份证姓名	运营者身份证姓名	运营者身份证姓名	运营者身份证姓名	运营者身份证姓名	运营者身份证姓名
运营者身份证号码	运营者身份证号码	运营者身份证号码	运营者身份证号码	运营者身份证号码	运营者身份证号码
运营者手机号码	运营者手机号码	运营者手机号码	运营者手机号码	运营者手机号码	运营者手机号码
已绑定运营者银行卡的微信号	已绑定运营者银行卡的微信号	已绑定运营者银行卡的微信号	已绑定运营者银行卡的微信号	已绑定运营者银行卡的微信号	已绑定运营者银行卡的微信号

表2-4　组织机构类型

注册选择类型	组织机构类型
个体工商户	个体户
企业	个人独资企业、企业法人、企业非法人、非公司制企业法人、全民所有制、农民专业合作社、企业分支机构、合伙企业、其他企业等
媒体	事业单位媒体、其他媒体、电视广播、报纸、杂志、网络媒体等
其他组织	免费类型(基金会，政府机构驻华代表处等)
	社会团体(社会团体法人、社会团体分支、代表机构、其他社会团体、群众团体等)
	民办非企业，学校，医院等
	其他组织(宗教活动场所、农村村民委员会、城市居民委员会、自定义区、其他未列明的组织机构等)
政府及事业单位	事业单位(事业单位法人、事业单位分支、派出机构、部队医院、国家权力机关法人、其他事业单位等)
	政府机关(国家行政机关法人、民主党派、政协组织、人民解放军、武警部队、其他机关等)

信息登记时要注意以下几点：

(1) 若组织机构代码证上的机构类型为企业法人和企业非法人，则选择"企业类型"进行登记。

(2) 若个体工商户无对公账号，则选择"微信认证"完成注册。

(3) 微信认证选择认证类型时，参考以上注册选择类型，并根据组织机构代码证上显示的机构类型选择即可。

(4) 信息登记的审核时间。选择不同的验证方式，审核时间也有所不同，具体如下：

① 选择支付验证注册。

• 需在10天内给指定账户进行小额打款，具体金额随机生成，收到款项后需1个工作日的验证时间。

· 当账号主体的对公账户与打款账户一致，且打款金额与随机生成的金额一致时，即可成功注册，且打款金额将在 10 个工作日内原路退还到公司的对公账户上。

② 选择微信认证注册。

· 信息登记填写并提交后，30 天(自然天)内必须完成微信认证，否则需重新提交资料。

· 需服务审核费 300 元/年，支付成功后于 1～5 个工作日内进行审核，具体留意通知中心的相关通知即可。

(5) 审核期间不能使用的功能。

① 选择支付验证注册。

· 验证期间，微信公众账号无法申请认证。

· 验证期间，公众号可以登录，但是其功能无法正常使用，须等打款验证通过之后，才能正常使用该公众号。

· 验证期间，他人无法通过"搜索公众账号"搜索到该微信公众账号。

② 选择微信认证注册。

· 认证审核中，若资料不符合要求，则应留意要求补充资料的通知，通知中心会提示提交资料的期限及重新上传资料的入口。

· 认证期间，公众号可以登录，但是其功能无法正常使用，须等认证成功之后，才能正常使用该公众号。

· 认证期间，他人无法通过"搜索公众账号"搜索到该微信公众账号。

二、企业注册公众平台步骤

(1) 打开微信公众平台官网 https://mp.weixin.qq.com/，单击右上角的"立即注册"，如图 2-3 所示。

图 2-3 微信公众平台官网注册

(2) 选择注册的账号类型，如图 2-4 所示。

图 2-4   选择注册的账号类型

(3) 填写邮箱，登录邮箱并查看激活邮件，填写邮箱验证码激活账号，如图 2-5 所示。

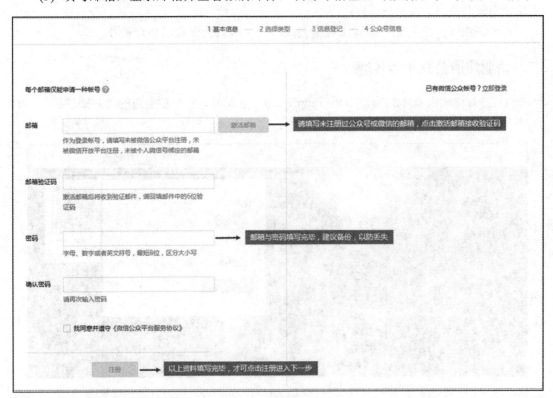

图 2-5   邮箱验证码激活

(4) 了解订阅号、服务号和企业微信的区别后，选择想要的账号类型，如图 2-6 所示。

图 2-6　选择账号类型

(5) 信息登记，注册公司在企业类型中选择了企业之后，填写企业名称、营业执照注册号，并选择注册方式。

三、微信认证申请流程(企业类型)

(1) 企业登录微信公众平台后，依次选择设置→微信认证→开通，进行微信认证，如图 2-7 所示。

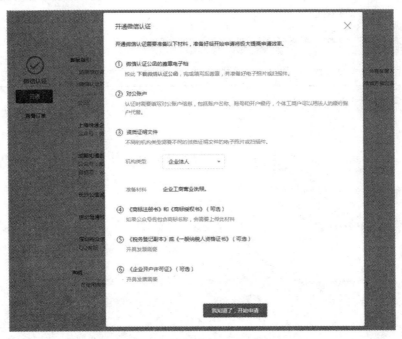

图 2-7　微信认证

(2) 同意协议：签署《微信公众平台认证服务协议》。

(3) 验证管理员，如图 2-8 所示。

图 2-8　验证管理员

(4) 选择认证类型、填写认证资料及上传公函，如图 2-9 所示。

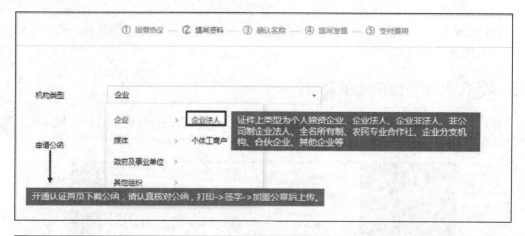

图 2-9　填写认证信息

（5）填写对公银行账户信息，如图 2-10 所示。

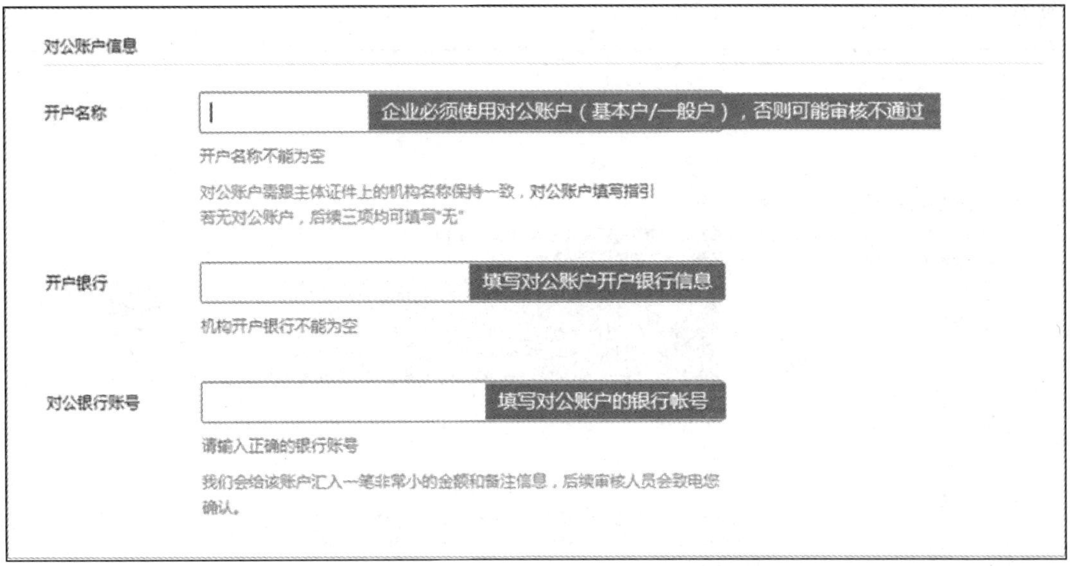

图 2-10　填写对公银行账户信息

（6）填写认证联系人信息，如图 2-11 所示。

图 2-11　填写认证联系人信息

(7) 确认名称。公众号名称可以选择两种命名方式，即基于商标命名和基于自选词汇命名，如图 2-12 所示。

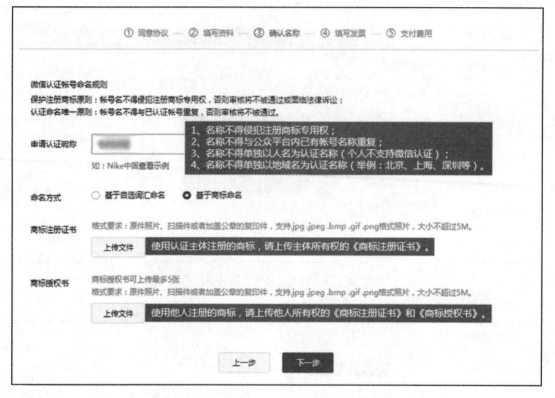

图 2-12   确认名称

(8) 选择发票类型，如图 2-13 所示。

图 2-13   选择发票类型

(9) 支付费用，如图 2-14 所示。

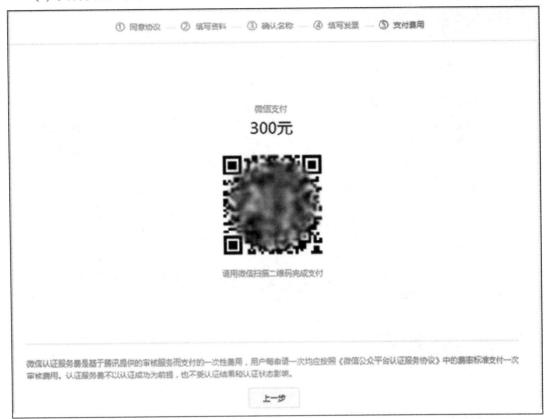

图 2-14　支付费用

(10) 认证审核。微信公司收到打款后，会及时将该账号认证申请派发给第三方审核公司进行审核。

 **实训内容**

杭州宝寿山景区在西溪上游，午潮山国家森林公园以北，小和山高教园区以西。2014年 1 月经余杭区人民政府批准建设。

根据网络搜集的资料，利用掌握的知识，完成表 2-5 微信公众号个人订阅号基本信息的设置。

表 2-5　杭州宝寿山微信公众号基本信息

项　　目	内　　容
名称	
头像	
功能介绍	

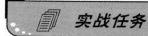

实战任务

按以下步骤完成个人公众号平台注册。

(1) 打开微信公众平台官网 https://mp.weixin.qq.com/，单击右上角的"立即注册"。

若注册邮箱未收到激活邮件，则通过登录邮箱→点击设置→反垃圾/黑名单→添加白名单(weixinteam@tencent.com)的操作方法，将微信团队邮箱设置为白名单后重新发送邮件。

(2) 选择类型，选择注册地。

(3) 了解订阅号、服务号和企业微信的区别后，选择想要的账号类型。

(4) 信息登记，选择个人类型之后，填写身份证信息。

(5) 填写账号信息，包括公众号名称、功能介绍，选择运营地区。

注册成功后，就可以开始使用公众号了。

任务3 微信公众号的基本功能

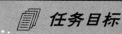

任务目标

- 知识目标：掌握微信公众号的基本功能。
- 能力目标：能够设置微信公众号的基本功能。
- 素质目标：提升自主学习、解决问题的能力。

案例引入

"新榜"中的微信公众号日榜排名列表如表2-6所示。

表2-6 "新榜"微信公众号日榜排名列表

#	公众号	发布数	总阅读数	头条	平均	最高	总点赞数	总在看数	新榜指数
①	洞见 DJ00123987	1/7	65万+	10万+	93559	10万+	18790	19040	985.1
②	占豪 zhanhao668	1/8	64万+	10万+	80876	10万+	22589	12796	982.8
③	十点读书 duhaoshu	1/8	54万+	10万+	67747	10万+	5931	5322	966.4
4	有书 youshucc	1/8	49万+	10万+	62409	10万+	6545	8232	962.4
5	中国搜索 chinaso_com	10/20	49万+	35万+	24813	72339	2358	1460	952.1
6	百草园书店 Bai·Cao·Yuan	1/8	37万+	10万+	46926	10万+	10048	7193	944.9
7	南风窗 SouthReviews	3/10	38万+	20万+	38237	10万+	1709	840	938.8
8	国学生活 gxsh789	1/8	28万+	10万+	35427	10万+	5170	4521	924.4

一、群发功能

1. 微信公众平台群发方法

登录微信公众平台 https://mp.weixin.qq.com 的首页，选择新建群发并根据需要填写文字、语音、图片、视频、录音等内容后，选择群发对象、性别、群发地区发送即可。

2. 微信公众平台群发消息删除操作

通过微信公众平台群发的图文消息内容(包括群发成功或群发后审核中的内容)，可在"已发送"中删除。通过微信公众平台的首页，选择群发并找到需删除的消息后，点击"删除"按钮即可。

已收到消息的粉丝，只能删除图文消息内容，手机端图文的封面及标题暂不支持删除。

删除操作将删除公众号的"查看历史消息"中的相关记录；图文消息删除后，群发次数权限不会恢复；支持删除多图文消息的其中一条。

目前，在微信公众平台中只能删除已发送成功的消息；正在群发中的消息，暂不支持撤回或删除。

3. 微信公众平台群发条数

微信公众平台消息群发条数说明如下：

(1) 订阅号(认证用户、非认证用户)，1 天可群发 1 条消息(每天 0 点更新，次数不会累加)。

(2) 服务号(认证用户、非认证用户)，1 个月(按自然月)内可群发 4 条消息(每月月底 0 点更新，次数不会累加)。

4. 微信公众平台群发规则

微信公众平台群发消息的人数没有限制，但只能群发给粉丝，不支持群发给非订阅用户。目前，支持群发的内容有文字、语音、图片、视频、图文消息。

5. 粉丝未收到群发消息的原因

在微信公众平台消息群发成功后，粉丝未收到群发消息，可能是以下原因导致：

(1) 通过微信公众平台群发消息时，若默认群发给了全部用户，则可以正常接收消息；若对群发对象、性别、群发地区进行了选择，而该粉丝不在所选择的范围内，则无法接收群发消息。

(2) 被加入黑名单的粉丝，不会接收到群发信息，建议进入微信公众平台→用户管理→黑名单，查看是否进行了黑名单设置。

(3) 如果该粉丝在群发消息时取消了关注，同样也不会收到群发消息。

(4) 若账号属于服务号，则每个粉丝一个月只能收到 4 条消息，若使用高级群发接口发送了，已经接收超过 4 条的粉丝则无法收到消息。

6. 公众平台定时群发规则

1) 定时群发条数限制

(1) 订阅号(认证用户、非认证用户)1 天只能群发 1 条消息(每天 0 点更新,次数不会累加)。

(2) 服务号(认证用户、非认证用户)1 个月(按自然月)内可群发 4 条消息。

2) 定时群发时间限制

可以选择 5 分钟后的今、明两天内任意时刻定时群发,成功设置后不支持修改,但在设定的时间之前可取消,取消后不占用群发条数。

二、素材编辑

(一) 公众平台图文消息编辑

1. 图文消息编辑功能介绍

图文消息编辑功能是把需要发布给粉丝的相关资讯进行编辑、排版,可展现活动内容、相关产品资讯等。

2. 图文消息编辑

进入微信公众平台后,依次选择管理→素材管理→新建图文消息,即可编辑单图文消息。如果需要编辑多图文消息,直接点击左侧图文导航中的"＋"可增加一条图文消息。最多可编辑 8 条图文消息。

注:目前设置图文消息内容没有图片数量限制,正文里必须要有文字内容,图片大小加正文的内容不超过 50 000 字。

3. 图文消息编辑规则

(1) 标题(必填项)不能为空且长度不超过 64 字(不支持换行以及设置字体大小)。

(2) 在编辑单图文消息时,可以选填摘要内容,不能超过 120 个汉字或字符;填写摘要后,在粉丝收到的图文消息封面会显示摘要内容;若未填写摘要,在粉丝收到的图文消息封面自动默认抓取正文前 54 个字。

4. 图文消息封面、正文图片上传规则

(1) 封面必须上传图片。

(2) 封面和正文图片,支持 bmp、png、jpeg、jpg、gif 格式。

(3) 封面图片和正文图片的大小都不能超过 5 MB。

(4) 大图片建议尺寸为 900 px × 500 px,但上传后图片会自动压缩为宽 640 px(高会压缩为对应比例)的缩略图,在手机端可点击查看原图。

(5) 封面和正文支持上传 gif 格式动态图片,会显示上传的原图(但因手机客户端系统问题可能会导致部分手机无法显示动态封面)。

5. 图文消息正文内容编辑规则

(1) 正文必须输入文字内容,但不能超过 50 000 字。

(2) 可设置字体大小、颜色、背景色、字体加粗、斜体、下画线。

(3) 可以通过居中、居左、居右、段落间隔功能调整正文内容。

(4) 可通过浮动功能把图片设置在需要的位置。

(5) 可设置字体背景颜色，但图文消息背景颜色不支持自定义设置。

(6) 右边导航栏的多媒体功能，支持添加图片、视频、音乐、投票等内容。

(7) 可以把编辑好的图文在左边导航栏上下移动，用来调整图文顺序。

(二) 图文消息手机预览

目前，微信公众平台图文消息在群发之前，可以选择"发送预览"并输入个人微信号，发送成功后就可以在手机上查看效果。只有输入个人微信号才能接收到发送预览的图文内容，其他粉丝无法接收到。预览的图文内容不支持分享到朋友圈，可以分享给微信好友或微信群。

三、自动回复优先规则

关注公众号自动回复：用户关注公众号时将会立即收到回复。

消息自动回复：订阅用户只要对公众号发送消息便会收到回复。若粉丝发送的消息包含关键词，则会优先关键词自动回复(如开启了全匹配，需粉丝发送与设置一样的关键词才会自动回复)。

关键词自动回复：若订阅用户发送的信息含有多个设置的关键词，则会随机回复。

1. 关键词自动回复功能的介绍

在微信公众平台设置关键词自动回复，可以通过添加规则(规则名最多为 60 个汉字)，订阅用户发送的消息内如果有设置的关键字(关键字不超过 30 个汉字，可选择是否全匹配，如设置了全匹配，则必须关键字全部匹配才生效)，即可把设置在此规则名中回复的内容自动发送给订阅用户。

2. 关键词自动回复设置方法

登录微信公众平台，依次选择功能→自动回复→关键词自动回复→添加规则，即可添加相应的关键词自动回复信息。

3. 关键词自动回复的规则

(1) 字数限制：微信公众平台认证与非认证用户的关键词自动回复设置规则的上限为 200 条规则(每条规则名，最多可设置 60 个汉字)，每条规则内最多设置 10 条关键词(每条关键字，最多可设置 30 个汉字)、5 条回复(每条回复，最多可设置 300 个汉字)。

(2) 规则设置：可通过微信公众平台设置多个关键词，如订阅用户发送的信息中含有所设置的关键词，则系统会自己回复。

同一规则中可设置 5 条回复内容，若设置了"回复全部"，当粉丝发送的信息中含有设置的关键词时，则会将设置的多条回复内容全部回复给粉丝，若未设置"回复全部"，则会随机回复。

4. 关键词设置

(1) 每个规则里可设置 10 个关键词，若设置了相同的关键词，但回复内容不同，系统会随机回复。

(2) 每个规则里可设置 5 条回复内容，若设置了多个回复内容(没有设置"回复全部")，系统会随机回复。

(3) 单击关键词后依次选择自动回复→添加规则→输入关键词匹配内容后，再添加内容，然后选择"回复全部"即可设置多条回复。

(4) 关键词在设置时不支持使用空格和字符隔开，只能使用回车键来分隔，输入回车键可添加多个关键词，每个关键词少于 30 个字符，勿使用逗号、分号、顿号和句号进行区分。

5. 完全匹配功能设置

(1) 若选择全匹配，则编辑页面会显示"已全匹配"。

对方发送的内容与设置的关键词须完全一样，才会触发关键词回复，不能多一个字符也不能少一个字符。比如设置"123"，仅回复"123"才会触发关键词回复。

(2) 若没有选择全匹配，则编辑页面上会显示"未全匹配"。

只要对方发送内容包含设置的完整关键词，就会触发关键词回复给对方。比如设置"123"，回复"1234"会触发，但回复不完整的关键词"12"不会触发关键词回复。

四、自定义菜单

自定义菜单图文消息编辑方法介绍：

进入微信公众平台，依次选择功能→自定义菜单→菜单管理→点击"＋"设置动作→发送信息→图文消息。

注：最多设置一个单图文消息/多图文消息(可选择保存在素材里面的图文信息，或者重新编辑新建图文信息)。

五、投票管理

(1) 什么是投票？投票功能可供使用公众平台的用户对比赛、选举等活动进行粉丝意见收集。例如，××宝宝大赛，可以提供参赛者信息给粉丝参与投票。

(2) 如何查询投票结果？可在公众平台中依次选择功能→投票管理→查看对应投票标题→点击详情即可。

(3) 如果发现刷票行为，怎么进行举报投诉？公众平台账号仅提供投票功能，对于投票的内容和结果，属于公众号运营者个人行为。如发现微信用户通过作弊、造假等不诚实、不道德的方式参与投票造成错误结果，公众号运营者须自行核实。同时，平台会对这方面的内容进行把控，如果出现违规内容，平台会删除相关信息，并对于部分或全部内容暂停/终止为公众号提供投票功能及采取其他的处理措施。

(4) 投票信息在图文里出现"很抱歉，请在手机微信登录投票"的提示时该如何处理？目前暂不支持通过浏览器打开投票选项的图文消息，仅支持通过微信客户端进行投票。

(5) 粉丝进行投票，出现"投票过于频繁，请稍后重试"的提示时该如何处理？这是由于投票的微信号频繁操作而导致的，建议不要频繁进行投票，可更换时间段再尝试使用。

六、客服功能

1. 登录

已绑定的账号，可打开客服功能网页版，已绑定的客服人员可以通过手机微信客户端，进入"扫一扫"，扫描二维码登录客服账号。

2. 选择接入对话

登录后即可看到与公众号对话的用户，可选择接入对话。

3. 切换客服状态

点击在线状态，可以选择在线状态、离开状态或退出登录。

4. 接收消息

手动接入：客服人员上线后，点击待接入，即可在"待接入"列表中手动接入待回复的对话。

自动接入：当待接入的对话太多时，可以在设置/接入设置中开启自动接入。

重新接入：退出登录，或对话超过半小时，需要重新接入来激活对话。

5. 发送消息

已经接入的对话，客服人员可以在 48 小时内和粉丝进行聊天。

普通回复：客服人员可以在对话框中发送文字、表情、图片、截图等类型的消息。

快捷回复：可以使用快捷回复中事先编辑好的文本内容进行回复。

6. 设置

账号设置：查看公众号信息、数据统计等。

接入设置：自动接入设置、自动问候语设置等。

离开设置：可以设置离开状态时的自动回复内容。

快捷回复：可以设置文字类型的快捷回复。

实训内容

建立自己的微信公众号，在公众号上完成如下功能操作。

一、群发消息

登录个人的微信公众号，利用群发消息功能，根据需求群发图文消息。要求面向全班同学。

二、自动回复

登录个人的微信公众号，设置自动回复(包括关注公众号自动回复、消息自动回复、关键词自动回复)。要求：自定义菜单(两级菜单)和自动回复(包括关键词回复、关注公众号回复)。设置完成后试一试功能是否正常。

三、自定义设置

登录个人的微信公众号，利用自定义设置功能，设置 3 个一级标题，并分别下设 4 个二级标题。

一、撰写公众号推文

登录个人的微信公众号，发布一篇自我介绍的内容，告诉粉丝公众号名称的由来、做公众号的初衷、公众号将会分享哪些类型的内容(即公众号定位)等。

二、撰写节日推文

根据公众号定位，围绕春节或其他节日推送一篇文章，要求标题具有一定的吸引力，内容需图文并茂。

知识拓展

茶文化的起源

中国人何时开始饮茶，莫衷一是。大体上可谓开始于汉，而盛行于唐。陆羽《茶经》认为饮茶起于神农氏，然而尽人皆知《茶经》引据的《食经》为伪书。《尔雅》有"苦茶"之句，世人认为《尔雅》为周公时作品，就误以为饮茶自周公始，但并不知道《尔雅》非作于周公。这些都不足以为饮茶起始的证据。

茶文化的起源

浙江余姚田螺山遗址出土的树根，经初步判断是茶树类植物，中国最早种茶的历史可能被改写，而茶字的读音源于巴南人，巴渝是茶文化发祥地。

世界上很多地方的饮茶习惯是从中国传过去的。因此，很多人认为饮茶就是中国人首创的，世界上其他地方的饮茶习惯、种植茶叶的习惯都是直接或间接地从中国传过去的。

项目三 入驻微商城

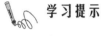 **学习提示**

　　本项目通过理论学习和案例分析，让学生辨析微网站、微商城和微店的不同之处，以及第三方平台通过微信公众平台接口的授权，代替公众号调用业务接口来实现各种业务。本项目主要介绍利用第三方平台入驻微商城。

入驻微商城

 学习重点

　　了解微网站、微商城和微店的联系与区别；了解微商城的主要特点；了解入驻微商城的流程。

 学习难点

　　能根据实际需求选择第三方平台。

任务1 微网站、微商城和微店的联系与区别

 任务目标

- 知识目标：了解微网站、微商城和微店的联系与区别。
- 能力目标：训练学生网络信息搜索能力和辨析能力。
- 素质目标：培养学生学习的主动性。

 案例引入

　　微商城是基于微信而研发的一款社会化电子商务系统，可以帮助商家发布商品到微信，在微信中进行自己的商城网站建设。消费者只要通过微信公众平台，就可以实现商品

查询、选购、体验、互动、订购与支付的线上线下一体化服务模式。

微网站源于 Web App 和网站的融合创新，兼容 iOS、Android、WP 等各大操作系统，可以方便地与微信、微博等应用连接，适应移动客户端对浏览体验与交互性能要求的新一代网站。

微店是利用微信平台实现用户免费在手机上开店销售的非腾讯第三方软件。开发者可使用接口批量添加商品，快速开店。

北京口袋时尚科技有限公司开发的微店产品在微店 App 中应用较为广泛，其 App 界面如图 3-1 所示。

图 3-1　微店示例

一、微网站、微商城和微店的联系

微信具有用户量大、传播速度快、操作便捷等优点，为商户提供了一个闭环式的营销平台。利用该平台，企业、商户可进行商品上架、宣传推广、活动促销、客户购买支付等全方位的营销一体化工作。

微网站、微商城和微店都是基于微信而产生的新商业模式，都可以帮助商户进行商品展示、销售、客户维护、收付款等操作。

二、微网站、微商城和微店的区别

微网站、微商城和微店作为商户最常用的三种实战平台，相互之间既有相同点又有区别。

微店和微商城的比较，如表 3-1 所示。

表 3-1　微店与微商城性质和功能比较

	微　店	微　商　城
性质	微店的开发平台较多，由第三方运营，开店可以说是零门槛	微商城又叫微信商城，是第三方开发者基于微信而研发的一款社会化电子商务系统
功能	开店无需资金成本、无需寻找货源、不用自己处理物流和售后，管理功能比较完善，支付方式多样	除了扮演着宣传、交易平台的角色外，更重要的是内部管理比较完善，可以对商品、客户、订单进行多平台管理，必须以微信支付

微网站和微商城的比较，如表 3-2 所示。

表 3-2　微网站与微商城性质和功能比较

比较项目	微　网　站	微　商　城
性质	PC 网站与移动互联网、智能终端设备相结合的产物，可以看作 PC 网站在手机端的形式延伸	微商城隶属于微网站，只是微网站中的一种高级表现形式
功能	侧重于信息展示，如商户信息展示、商品展示、新品公告、促销信息等	侧重于购物和支付，为消费者打造消费、选购和支付一站式的电子商务模式

根据上述两个表格的内容可以总结出：微网站、微商城和微店三者的性质是相同的，只是在功能定位上有差异化，微网站的功能范围大于微商城，而微商城的功能范围又大于微店。

三、微信小店和微信小商店的区别

微信小店是基于微信公众平台打造的一套原生电商模式，包括添加商品、商品管理、订单管理、货架管理、维权等功能，开发者可使用微信公众平台的接口批量添加商品，快速开店。

2014 年 5 月，微信公众平台宣布正式推出"微信小店"。2020 年 7 月，微信团队称，因不再维护微信小店，微信公众平台的"添加功能插件"入口将不再支持添加微信小店。

微信团队后续推出的"微信小商店"，是一套升级后的免开发 0 费用的卖货小程序，提供商品售卖、订单物流、客服售后、小程序直播等功能。针对已经开通并使用微信小店的商家，微信支持升级为微信小商店的新页面。

实训内容

如何通过第三方平台搭建微小店呢？下面以有赞的微小店为例来介绍搭建微小店的过程。

有赞是一个商家服务公司，其经营宗旨是帮助每一位重视产品和服务的商家私有化顾客资产、拓展互联网客群、提高经营效率，全面助力商家成功。

有赞的微小店分为个人微小店和企业微小店。

一、个人微小店

有赞微小店目前的功能还是相对简单的, 所有可操作的功能都显示在主页上, 如图 3-2 所示。

图 3-2　有赞微小店 2.0 版本

1. 商品管理

1) 商品发布路径

路径一: 在微小店 App 中单击添加商品。路径二: 在微小店 App 的商品管理中添加商品。商品发布路径如图 3-3 所示。

图 3-3　商品发布路径

2) 商品类型

类型一：市场选货。自主搜索，选择分销平台供货商的商品上架，店主赚取分销价格利润。类型二：自营商品。自主进货，需要自行编辑商品信息上架，店主赚取所有商品金额。添加商品信息如图 3-4 所示。

图 3-4　添加商品信息

3) 联系方式

(1) 买家联系分销商：在商品详情页点击"联系卖家"。

(2) 分销商联系供货商：在微小店 App 中，依次选择商品管理→商品详情→右上角的 [...]→供货商→联系方式。

(3) 分销商查看路径：在微小店 App 的客户管理中查看。

2. 店铺管理

(1) 认证信息：需要进行实名认证，认证通过后可以提现。

(2) 店铺名称：在小店主页及店铺中可以显示。目前，微小店名字修改无次数限制。

(3) 店铺简介：在店铺中展示，可自主修改。

3. 订单管理

可以通过所有订单及维权订单两个大板块进行筛选，如图 3-5 所示。

(1) 所有订单展示标签：全部，待付款，待发货，已发货，已完成，已关闭。

(2) 维权订单展示标签：全部，等待供货商处理，等待买家处理，有赞介入，同意退款，维权撤销。

注：微小店自营商品订单支持改价。

图 3-5   订单管理

4. 收入提现

提现路径：在微小店 App 中，依次选择资金→提现，如图 3-6 所示。

图 3-6   收入提现

5. 动态信息

微小店在关注了供货商店铺之后，不管是否分销该供货商商品，供货商推送的消息都会展示在动态中。通过关注管理可以增加及筛减关注的供货商，也可以在市场选择的商品页面进行关注。

二、企业微小店

相较个人微小店，新增了企业标签，有企业商品库。若企业在员工入驻前设置了默认商品及店铺模板，则入驻后商品会展示在店铺中，店铺模板会同步更新。

一、微信小商店

开设微信小商店的具体步骤如下：

(1) 手机打开微信后，点击发现页面的小程序。

(2) 点击搜索按钮，在搜索框里输入小商店助手，选择相对应的小程序。

(3) 选择免费开店后进入开店流程，选择个人开店或企业开店。如果选择企业开店，则系统会自动读取微信信息。

(4) 填写手机号码，并上传身份证正反面图片。

(5) 点击上传商品，填写商品分类、价格等信息，填写后直接发布。

(6) 在功能页里把运费模板、地址等信息完善好即可。

二、比较微商城、微网站

手机查找"饿了么"的微商城、微网站，比较它们的不同。

任务 2　第三方微商城分类

- 知识目标：了解成为开发者的两种方式，了解常用的第三方平台。
- 能力目标：能根据需要选择合适的第三方平台。
- 素质目标：提升学生的决策判断能力。

2018 年我校移动商务创业团队依托点点客信息技术有限公司、上海绿活农业公司校企

合作开发了微商城创业团队模式——"小鲜生"微信公众号，如图 3-7 所示。

（a）微商城首页　　　　　（b）优惠券二维码　　　　（c）"我的小店"分销二维码

图 3-7　"小鲜生"微信公众号

点点客信息技术有限公司依托微信公众平台第三方开发接口的开放，成为国内首批微信第三方应用开发商和国内基于微信行业应用解决方案的专业提供商，专注于微信应用技术开发和微信营销服务。

点点客公司的"人人店"微商城平台是基于新消费生态的移动社交电商平台，倡导以"人"为核心的信任和分享构建新商业价值。通过"人人店"工具型软件，人人店用新型的社会化营销来建塑品牌，建立自己的用户社群，打造自己的特色标签。

上海绿活农业科技有限公司是"人人店"平台商户，致力于"菓盒"项目的供应链打造。绿活农业承担着"菓盒"项目策划到运营的企业培训方角色。

知识准备

微信公众平台的高级模式中有两种模式：编辑模式和开发模式。这两种模式的运营思路完全不同。编辑模式基本围绕前文提过的公众号基础功能进行，主要目的是实现文字、语音、图片、图文消息的自动回复。开发模式主要围绕二次开发进行，通过该模式可以实现微信编辑模式中几乎所有的功能，同时可以开发更多高级功能。

一、成为开发者的两种方法

为了能够更充分地运用公众平台的多种功能，尤其是对于服务号而言，必须开启开发者模式。成为开发者的方法通常有两种：第一种是自己搭建服务器，利用开发工具自行开发；第二种是借助第三方服务平台。

做公众平台运营开发的企业、商户，如果不具备开发条件，对开发语言不太精通，也没有专业的技术团队，则可利用第三方服务平台。

二、第三方平台分类

第三方微商城通常分为以下 3 种类型：

(1) 平台入驻型。这种微商城类似于在淘宝开店，即商品在第三方平台里面完成交易。目前规模较大的第三方平台有微盟、有赞等，规模较小的第三方平台可以在淘宝以几百元不等的价格购买。

(2) 模板商城。这种微商城基本是第三方开发好的微商城系统，可以直接使用。

(3) 定制开发微商城。这种微商城是根据用户需求寻找第三方开发公司去定制开发的，费用根据具体功能要求来定。

三、国内主流微商城平台

(一) 主流微商城第三方平台

根据"微信使用人群"和"传播速度"等指标分析排序，有赞、微盟、点点客、商派云起、微店、微客来和微铺宝位居国内微商城平台前列，如图 3-8 所示。

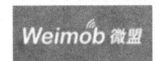

图 3-8 微商城第三方平台

(二) 微商城第三方平台比较

与其说哪个平台好，不如说哪个平台更加适合商户。下面从微信商城系统的商城装修、分销系统以及收费情况 3 个方面对各服务商进行评测。

1. 商城装修

商城装修即基于平台的商城搭建过程，是微信商城系统的核心功能，包括店铺装修、商品管理以及配送和支付功能设置。各微信商城系统在店铺装修功能方面的差异化主要体现在模板数、组件类型以及文本样式 3 部分。商品管理分为线上商品的编辑管理和线下货品的进销存管理(主要通过库存管理实现)，就商品编辑而言，商家需要关注商品的批量导入和购买设置功能。

有赞、点点客、微盟和商派云起 4 个后台装修页面均简单易上手，商家可通过拖拽的方式增减模块，并可以分别编辑各模块的内容。

各微信商城系统在店铺设置功能方面的差异化分析见表 3-3、表 3-4 和表 3-5。

表3-3 有赞、点点客、微盟和商派云起店铺装修

第三方平台		有赞	点点客	微盟	云起
模板数		18个	22个	18个	5个
类型组件	店铺头部	1种	2种	5种	5种
	轮播广告	√	×	√	√
	导航	5种	3种	8种	3种
	搜索框	1种	2种	3种	5种
	辅助线/分隔符	√	×	√	×
	辅助空白	√	√	√	×
	分类模块	2种	9种	2种	9种
	商品模块	4种	3种	4种	6种
	图片组合	√	√	×	√
	视频	√	√	×	×
	语音	√	√	×	×
文本样式	文字样式	√	√	√	√
	表格	√	√	×	√
	超链	√	×	×	√
	背景颜色	√	×	√	×

表3-4 有赞、点点客、微盟和商派云起商品管理

第三方平台		有赞	点点客	微盟	云起
外部商品导入		√	√	×	√
购买设置		预售/限购/定时开售	限购	×	预售
库存管理	库存数	√	√	√	√
	库存预警	×	√	√	×

表3-5 有赞、点点客、微盟和商派云起配送与支付

第三方平台		有赞	点点客	微盟	云起
支付方式	在线支付	微信、支付宝、银联	微信、支付宝、银联、paypal、财付通、易宝、汇付天下	微信、支付宝、银联、财付通	微信、支付宝
	找人代付	√	√	√	×
	货到付款	√	√	√	×

总结以上分析，就商城装修而言，有赞、点点客、微盟和商派云起各有千秋。有赞胜在组件内容丰富，且富文本编辑功能完善；点点客的模板数明显多于有赞和微盟，且其产品"人人店"提供线下的代建服务；微盟的组件样式最为多样，有助于商家的个性化装修；商派云起采用分离式设计，通过不同模块分别设置店铺展示页和商品详情页。从后台商品管理功能看，点点客、有赞和商派云起明显优于微盟。在支付方式方面，商派云起的支付方式较为局限。

2. 分销系统

虽然不同的分销系统对不同模式采取不同的叫法，但在本质上并无太大差异。分销模式主要分为以下 3 种：

(1) 代理分销：又名三级分销，该模式最为传统。有赞、点点客、微盟和商派云起都提供了这种方式，即分销商以代理的形式对品牌进行销售。三级分销的第一级分销商直接面对消费者赚取销售佣金，第二级和第三级分销商分别是发展了第一级和第二级分销商的人，一级分销商成单之后，其上级分销商(二级和三级分销商)能够享受抽成赚取推广佣金。代理分销又分为拿货分销和无货分销。无货分销模式下，分销商只负责推广成单，客户下单后由供货商直接发货，分销商无需压货，这样就不再承担库存风险，这大大降低了成为分销商的门槛，但同时也会带来货源稳定性差的问题。

(2) 分享抽佣：该模式多是基于个人行为的推广，各个分销商之间不构成上下级关系，呈网状传播。分享抽佣的模式是具有社交属性的分销行为，参与分销的用户仅需完成商品分享，不需要参与到一个完整的订单行为中，分销门槛最低，但传播效果最好。

(3) 员工分销：企业所有员工均可以成为企业产品的传播者和销售者，通过员工的社交资源能够裂变传播节点，实现产品销售渠道的拓展。

关于各微商城分销系统的对比评测，如表 3-6 和表 3-7 所示。

表 3-6　有赞、点点客、微盟和商派云起的分销模式

分销模式		有赞	点点客	微盟	云起
代理分销	拿货分销	×	√	√	×
	无货分销	√	√	√	√
分享抽佣		×	×	√	×
员工分销		√	×	√	×

表 3-7　有赞、点点客、微盟和商派云起的分销管理

管理项目		有赞	点点客	微盟	云起
等级管理	进货折扣	√	×	√	—
	佣金比率	×	√	×	√
	可选货品	×	×	√	×
越权登录		×	√	√	×
冻结和解冻分销商		×	√	√	√
分销商权限管理		×	√	√	×

综上分析，有赞的分销系统支持的模式少，分销管理功能欠缺，商家仅能以供货商入驻平台的形式开展分销，难以积累客户，但有赞产品"全员开店"为员工分销提供了系统支持。点点客的产品"人人店"在代理分销方面功能完善且模式多样，支持线上线下全渠道覆盖，分销功能强大。微盟分销系统支持的分销模式多样，能够实现严格的分销商和分销商品管理，就分销系统而言，微盟的功能最为完善。商派云起微商城的分销功能较为简单，分销模式也比较单一，仅能满足商家基本的分销推广行为，商派云起的"推广员"功能主要面向小微商家，拓展线上销售网络，增强线上推广能力，不适合掌握货源的大型厂家。

3. 收费情况

通过微商城第三方平台开店除了具有系统稳定、上线速度快、营销推广工具丰富的优势之外，相较独立开发商城系统也表现出了明显的价格优势。微商城系统的收费模式可对标线下的店铺租赁和配套设施租用服务，商家选择不同的产品套餐并按年付费。

各服务商收费情况如表 3-8 所示。

表 3-8　有赞、微盟、点点客以及商派云起的产品费用

版本	有赞	点点客	微盟	商派云起
免费版本	×	√	×	√
付费版本	基础版 4800 元/年或 8800 元/2 年专业版 9800 元/年或 19 600 元/3 年	微伙伴 8800 元/年人人店 29 800 元/年	标准版/高级版/豪华版/终极版约 6000～10 000/年	专业版 3800 元/年企业版 7800 元/年

其实各个领域的主流平台之所以能够占据较大的市场份额，一定是各有特点的，它们分别在某一个或某几个方面有一定的优势，建议大家在挑选时可从更细分的维度出发进行对比，挑选适合自己的产品。

 **实训内容**

如何利用第三方平台搭建微网站？

这里借助第三方平台"咫尺微页"为例来说明微网站搭建流程。

(1) 百度搜索"咫尺微页"，进入网站，注册并登录网站。

(2) 单击"微页"下拉菜单里的"制作"。

(3) 根据需要在网站里选择相应模板。

(4) 单击"使用"打开编辑页面。对音乐、背景和文字内容进行修改、替换和编辑。既可以选择空白单页，也可以选择单页模板继续编辑和修改。

(5) 编辑完成后，单击右上角的"生成"进行预览、微页名称更换、封面更换、微页简介编辑和效果编辑，最后单击"发布"，一个微网站就诞生了。

(6) 从微信公众平台进入授权的第三方平台，将信息同步到微信公众号。

(7) 可以将搭建好的微网站分享到微信朋友圈等社交平台。

一、创建微网站

腾讯云企业官网体验版支持拖拽式搭建，无需代码即可上手。它支持 1 个栏目页面；支持 PC、平板、手机三站合一；可以上传 50 个产品，添加 50 篇文章。

利用腾讯云企业官网体验版——1 元建个网站，来创建微网站，如图 3-9 所示。

图 3-9　腾讯云官方自助建站平台

二、微商城比较

打开有赞、人人店和微盟官网，从表 3-9 中列举的几个方面比较不同平台微商城，简要说明选择第三方平台的理由。

表 3-9　有赞、人人店和微盟的微商城比较

比较项目	有　赞	人 人 店	微　盟
店铺装修			
商品管理			
配送和支付			
分销模式			
分销管理			
产品费用			

任务3 接入第三方平台

任务目标

- 知识目标：掌握公众号接入第三方平台的流程。
- 能力目标：能够借助第三方平台创建微商城。
- 素质目标：提升自主学习、分析问题、解决问题的能力。

案例引入

两年获5轮融资的新锐咖啡品牌如何用私域冷启动？

一、店铺介绍

"时萃 SECRE"成立于2019年5月，是新锐便捷精品咖啡品牌。致力让消费者更加便捷地喝上高品质咖啡的"时萃 SECRE"，从对现有商业咖啡的补充、对原有速溶咖啡的升级替代、对咖啡市场2～10元区间产品空白的填补这3个方面切入私域赛道。

二、经营亮点

(1) 在"时萃 SECRE1.0"时代，有赞微商城和小程序是时萃的主要经营渠道。时萃小程序入驻天猫、京东等主流电商平台，积累了一定声誉。

(2) 线上取得成绩后，迅速以有赞新零售进行线下布局，一方面与盒马鲜生、T11等高端超市展开合作，另一方面开出线下门店，与消费者面对面"链接"。

(3) 在小红书、微博、抖音、B站进行投放，持续获得用户。

(4) IP联名，让品牌与品牌产生碰撞。

(5) 微商城冷启动，以订阅制积累种子用户，消费者在"时萃"微商城上自定义个人喜好，开启订阅后，每月自动扣费，随后自动配送产品。

(6) 基于订阅和消费行为产生的用户数据，借助有赞的客户关系管理来分析用户画像，开启朋友圈的定向投放。

(7) 推出"9.9元包邮尝鲜"新客礼套餐，将产品赋予的利益最大化，主动占据年轻消费者市场。

(8) 多场景推广，强化品牌优势，并通过微商城将积累的流量集中转化。

三、效果评价

时萃的朋友圈广告曝光达到898 509人次，点击率相对于最初投放时提高了近1.5倍，有效助力了后端转化。经过一系列的推广动作，时萃积累了43.2万线上店铺粉丝，季度复购率基本稳定在35%左右，活跃用户占30%～40%。未来，时萃将拨出精力，拓展线下赛道。届时，有赞新零售将助力时萃发挥最佳品牌势能。

一、第三方平台概述

公众平台的第三方平台是为了让公众号或小程序运营者在面向垂直行业需求时，可以一键授权给第三方平台(可以同时授权给多家第三方平台)，通过第三方平台来完成业务，开放给所有通过开发者资质认证后的开发者使用。

第三方平台业务特征如图3-10所示。

图3-10 第三方平台业务特征

从具体的业务场景上说，第三方平台包括以下场景：

(1) 提供行业解决方案，如针对电商行业的解决方案，或针对旅游行业的解决方案等。

(2) 对公众平台功能的优化，如专门优化图文消息视觉样式和排版的工具，或专门定制的CRM客户管理功能，或功能强大的客服系统。

在技术上，第三方平台是通过获得公众号或小程序的接口能力的授权，然后代替公众号调用各业务接口来实现业务的。因此，第三方平台在调用各接口时，必须遵循公众平台的运营规范。

为了便于管理，也为了帮助公众平台运营者快速理解和授权自己的接口与功能权限，微信开放平台将各种接口权限进行了专门的组织。

二、接入第三方平台的方法与步骤

(1) 注册第三方平台。先找到需要连接的第三方平台，注册一个账号。有的账号需要联系客服人员才可以注册，有的直接用微信扫码就可以注册。

(2) 登录要连接的第三方平台。找到微信平台管理，根据要求填写所需内容。填写的内容可以在微信公众平台基础设置里面找到。填写完毕后保存，这时公众号还没有连接到第三方平台。

(3) 设置接口配置。在所要连接的第三方平台中找到接口配置，如图 3-11 所示。

图 3-11　设置接口配置

(4) 启用服务号配置。回到公众号，将接口配置的服务器地址(URL)和令牌(Token)填写到基本配置中的服务器配置(启用)中。这个时候公众号就连接到第三方平台了，如图 3-12 所示。

图 3-12　启用服务器配置

(5) 编辑模式。在第三方平台里面以编辑模式设置菜单和其他应用。

实训内容

　　虽然微信公众平台的功能较多，但还是不能完全满足大众的需求，除了基础功能以外，并没有可以用来营销和吸引消费者的插件，为了摆脱这一窘境，不少商家都是通过微信第三方平台来实现功能上的拓展，主要是补充微信公众平台的缺陷，这样微信公众平台就和第三方工具完美地结合了。

　　下面以微管家平台为例，详细讲解公众号对接微信第三方平台的具体操作步骤。

　　(1) 打开微管家平台网站，单击右上角的"注册"按钮，申请一个账号，也可以单击页面下面的注册账号后，填写信息提交即可注册成功。

　　(2) 注册成功登录后，单击页面中的"绑定公众号"按钮，进入公众号二维码授权页面。

　　(3) 用公众号管理员的微信扫一下网页上弹出的公众平台授权二维码。

　　(4) 管理员手机微信扫码后，单击"授权"按钮，其他全部按照默认设置不变。

　　(5) 授权成功后在微管家"管理中心"页面公众号列表里就可以看到刚刚授权的公众号，单击"功能管理"按钮就进到功能制作的后台了，进入功能后台即可使用平台功能。

实战任务

小程序作为微信上一个很重要的功能及入口，其依托的微信人脉圈非常广，用户覆盖了全国十几亿的人口。若是精心准备，用小程序给自己的店铺、商品增加一个展示机会，再利用恰当的营销手段进行宣传，必然能利用这个新渠道增收。如今，许多知名品牌，如KFC、星巴克等，也紧跟小程序潮流，点单、外卖等服务均可通过小程序实现，其中利用第三方平台来做店铺小程序的也不在少数。

试搜索、注册一个免费的自助开发或模板开发小程序的平台，制作一个小程序，并接入到第三方平台。

知识拓展

十 大 名 茶

中国茶叶历史悠久，各种各样的茶类品种犹如春天的百花园，使万里山河分外妖娆。名茶之所以有名，关键在于其独特的风格，主要在茶叶的色、香、味、形四个方面。名茶通常以"色绿、香郁、味醇、形美"四绝著称于世，也有一些名茶往往以其中一两个特色而闻名。

十大名茶

名茶有传统名茶和历史名茶之分，所以中国的"十大名茶"在过去也有多种说法，如表3-10所示。

表3-10　十大名茶认定表

时间	评选机构	名　　单
1915年	巴拿马万国博览会	碧螺春、信阳毛尖、西湖龙井、君山银针、黄山毛峰、武夷岩茶、祁门红茶、都匀毛尖、铁观音、六安瓜片
1959年	中国"十大名茶"评比会	西湖龙井、洞庭碧螺春、黄山毛峰、庐山云雾茶、六安瓜片、君山银针、信阳毛尖、武夷岩茶、安溪铁观音、祁门红茶
1999年	《解放日报》	江苏碧螺春、西湖龙井、安徽毛峰、安徽瓜片、恩施玉露、福建铁观音、福建银针、云南普洱茶、福建云茶、庐山云雾茶
2001年	美联社和《纽约日报》	黄山毛峰、洞庭碧螺春、蒙顶甘露、信阳毛尖、西湖龙井、都匀毛尖、庐山云雾、安徽瓜片、安溪铁观音、苏州茉莉花
2002年	《香港文汇报》	西湖龙井、江苏碧螺春、安徽毛峰、君山银针、信阳毛尖、安徽祁门红、安徽瓜片、都匀毛尖、武夷岩茶、福建铁观音

项目四　微商城搭建

 学习提示

　　本项目通过有赞商城的"微商城搭建"实训，在微商城正式运营前，理解并完成店铺认证，设置店铺信息，完成商品分组和商品发布等。

微商城搭建

 学习重点

　　能根据店铺要求进行店铺认证，能进行店铺基本信息设置和其他设置。

 学习难点

　　标题优化和详情页优化。

任务1　店铺认证

📑 任务目标

- 知识目标：了解主体认证资质要求和品牌认证资质要求。
- 能力目标：掌握个人主体认证和企业主体认证。
- 素质目标：培养社会主义核心价值观。

📑 案例引入

　　有赞商城对特殊类目和特殊主体的认证要求。

　　(1) 食品类目认证时商家要提供什么证件？

　　由于部分地区已经开始推进针对预包装食品的"证照合一"，在营业执照范围内包含"预包装食品经营"即为备案。其他地区如内蒙古、河北等，针对预包装食品已经明确不再需要许可，只备案登记即可，但基于行政效率等问题，还未有明确的备案机制。

在进行主体认证时，仅销售预包装食品的商家，可根据当地政策提供对应资质中的一项即可。对应资质如下：

① 提供营业执照，经营范围包含预包装食品。

② 提供预包装食品备案凭证。

③ 当地无明确备案机制的，提供有效期内且在经营范围内包含预包装食品的《食品流通许可证》《食品经营许可证》《食品生产许可证》或《食品小作坊登记证》。

(2) 非大陆居民可以申请企业认证吗？

非大陆居民可以申请企业认证，提交国内注册的营业执照就可以，法人是境外人士可提供护照及翻译公司的翻译件或者护照及法人证明函，港澳台人士提供往来大陆通行证。

一、主体认证资质要求

主体认证资质需要根据实际开店主体类型区分，各主体认证资质要求，如表4-1所示。

表4-1 主体认证资质要求

入驻主体	基础资质	资 质 要 求
个体户/企业	营业执照	(1) 需提供三证合一的营业执照原件扫描件或加盖公司公章的营业执照复印件； (2) 距离有效期截止时间应大于3个月； (3) 证件需要清晰完整
个体户/企业/其他组织、政府及事业单位	法定代表人/代办人	(1) 证件包含：身份证、护照、来往内地通行证等有效证件； (2) 其中护照需要增加翻译件，加盖翻译公司公章，或者需要提供法人证明函，外籍商家姓名需为中文(英文)，如张三(Zhangsan)； (3) 当选择代办人认证时，需法人证件照正反面照片、代办人身份证正反面照片、代办人手持证件照及代办授权书； (4) 照片标准：四角完整，清晰可辨，若加水印则需保证照片重要信息清晰可辨
个人	身份证、护照、来往内地通行证等有效证件	(1) 证件包含：身份证、护照、来往内地通行证等有效证件； (2) 其中护照需要增加翻译件，加盖翻译公司公章，或者需要提供法人证明函，外籍商家姓名需为中文(英文)，如张三(Zhangsan)； (3) 照片标准：四角完整，清晰可辨，若加水印则需保证照片重要信息清晰可辨

二、品牌认证资质要求

1. 旗舰店

(1) 自有商标需提供商标注册书、品牌 Logo 或商标注册申请受理通知书。

(2) 非自有商标(代理)需提供商标注册书、品牌 Logo、以商标权人为源头的三级以内的独占授权许可。比如，商标权人独占授权 A 为一级，A 独占授权 B 为二级，B 独占授权 C 即为完整的三级独占。

(3) 若经营多个品牌，则需提供各品牌归同一实际控制人的证明材料。

(4) 进货发票、协议、报关单等辅助材料可提高审核通过概率。

注：申请卖场型旗舰店，需提供服务类商标注册证或商标注册申请受理通知书，店铺内经营的品牌资质要求同专营店品牌资质要求。

2. 专卖店

(1) 需提供商标注册书、品牌 Logo、授权书文件。

(2) 进货发票、协议、报关单等辅助材料可提高审核通过概率。

(3) 专卖店仅支持商标状态为注册商标(R 标)的非自有商标入驻。

3. 专营店

(1) 自有商标需提供商标注册书、品牌 Logo 或商标注册申请受理通知书。

(2) 非自有商标(代理)需提供商标注册书、品牌 Logo、授权书许可。

(3) 进货发票、协议、报关单等辅助材料可提高审核通过概率。

4. 审核要求

(1) 要求授权以商标权人为源头，各级授权链路完整、清晰，旗舰店认证的，授权许可必须为独占授权。

(2) 授权许可及商标注册证的有效期，距离截止时间均要大于 2 个月。

(3) 持非自有品牌认证的，商标权人为自然人的，需同时提供其亲笔签名的身份证复印件。

(4) 非自有™商标，不接受提供授权书进行品牌授权。

微盟微商城店铺认证的具体步骤如下：

一、操作路径

在商城电脑端后台，依次选择设置→店铺设置→店铺认证。

二、认证流程

1. 首次认证商家的认证步骤

（1）点击"立即认证"跳转至填写认证信息的页面，根据页面要求补充相关资料，提交相关资质。

（2）若要开通第三方通道，则需要补充账户信息。

（3）资料填写完成后，点击"提交"，大概3～5个工作日出结果。

2. 已有店铺资质审核通过及同步资质

同一商家账号下若已有店铺资质审核通过，则可以将资质直接同步至该店铺。

店铺主体认证

有赞店铺认证流程如下：

一、操作路径

在商城电脑端后台，依次选择设置→店铺信息→主体信息。

二、认证流程

认证流程：第一步填写主体信息，第二步填写法人信息，第三步填写经营信息，最后提交审核。

三、流程介绍

（1）选择主体类型和经营类目，并根据选择的结果，按照页面提示准备所需材料。选择的经营主体不同，需要填写的主体信息也不相同，具体如下：

① 个人主体需要提交身份证信息。

② 企业、个体户、政府及事业单位、其他组织需要提交营业执照信息。

③ 商家入驻后，审核时间均为一个工作日。店铺后台和功能使用没有区别。

平台支持商家主体多类目经营，最多支持5个经营类目。

（2）输入短信验证码，开始认证。

① 填写主体信息。主体信息可搜索企业名称或社会统一信用代码，支持模糊查询。例如，主体为杭州有赞科技有限公司，搜索时输入杭州有赞即可查出公司主体信息，这时，主体信息会被自动填写到认证信息中，省去填写步骤。

上传相关证件，不同主体认证所需凭证如表4-2所示。

表 4-2　不同主体认证所需凭证

主体	所 需 凭 证	主题说明
非个人	(1) 统一社会信用代码照片(多证合一的营业执照或者普通营业执照)。 (2) 根据选择类目所提示的资质照片(如与主体信息一致的食品经营许可证、出版物经营许可证等)。 (3) 法人认证：法人照片和法人手持证件照；法人是境外人士,提供护照及法人证明函;港澳台人士提供往来大陆通行证。 (4) 代办人进行认证：法人身份证和代办人身份证的正反面照片,代办人手持证件照,以及代办人授权书	个人独资企业、合伙企业、其他企业、企业分支机构、个体工商户、政府及事业单位、非营利组织（慈善基金会、大使馆、国外政府机构）、民办非企业、营利组织、社会团体等
个人	(1) 手持证件照。 (2) 证件照正反面	选择"个人"为主体

注：非个人的主体类型包括企业、个体工商户、政府及事业单位、其他组织。其中个体工商户不支持代办人认证。

② 填写法定代表人信息。所需提交凭证，页面上都会有相关的提示和参考模板。

如果是新认证的商家，在认证流程中则会收集法人手持证件照。无法提供法人手持证件照时，可提供法人身份证和代办人身份证的正反面照片，代办人手持证件照，以及代办人授权书，代办人授权书需要加盖企业公章，法人可以不签字。

③ 填写经营信息后，即可提交认证，提交成功后，将在 1 个工作日内完成审核。

任务2　店 铺 信 息

任务目标

· 知识目标：了解微商城店铺取名技巧、应注意的事项，掌握 Logo 设计思路以及店铺简介的写作规律。

· 能力目标：能运用互联网资源，结合店铺特征设计店铺名称、Logo 和店铺简介。

· 素质目标：善于搜集网络信息并运用网络资源。

案例引入

"西湖雅集社"公众号店铺简介：西湖雅集社，文人之道。茶器茶礼，雅集茶事，空间设计，于雅集中自成方圆。物有方寸，道无界限。东方文化的天、人、物于方寸之中，逐一道来……

"西湖雅集社"公众号 Logo 如图 4-1 所示。

图 4-1　"西湖雅集社" Logo

设计理念："西湖雅集社"以清雅含蓄的东方美学之境，致力弘扬东方美学和生命哲学，是集线上线下相结合的文人雅集空间。"西湖雅集社"有茶器茶礼、东方服饰、雅集策展，集体验和创作为一体；线下还设有"茶本誌"茶馆、茶主题民宿、微剧场等，是汉嘉机构文化产业的创新标杆。

知识准备

一、微商城店铺名称

1. 微商城店铺取名技巧

(1) 简单通俗、朗朗上口。

(2) 别具一格、独具特色。微商城店铺的数量成千上万，用独具一格的字眼，体现出独立的品位和格调，吸引用户注意。

(3) 名字与经营的商品相关。如果微商城店铺名字与经营的商品无关，则可能会引起用户反感，自然也就不用谈交易了。

(4) 用字吉利、给人美感。用一些符合中国审美观的字样，会让人看起来有一种美感，不要为吸引用户注意而使用一些惹人反感的名字，效果只会适得其反。

2. 微商城店铺取名注意事项

(1) 避免使用数字和字母。

(2) 取名要新颖、不俗气。

(3) 取名尽量简短，这样容易被记住。

(4) 取名在求新的同时，不要一味为追求独特而采用生僻字，这样不利于传播。

(5) 取名不能违反相关法规，不要使用包含著名企业品牌、人名、注册商标等的店铺名称。

二、微商城 Logo 设计

Logo 设计的趋势是极简化，越简单的 Logo，影响力越大，所以不提倡 Logo 设计的元素复杂化。Apple 的 Logo 演变过程如图 4-2 所示。

| 1976 年 | 1976—1998 年 | 1998—2012 年 | 现在 |

图 4-2　Apple 的 Logo 演变

再比如 Microsoft 微软的 Logo 演变，如图 4-3 所示。

| 1992—2000 年 | 2000—2009 年 | 2009—2012 年 | 2012 年至今 |

图 4-3　Microsoft 的 Logo 演变

Microsoft 虽然是个软件大厂，但其设计能力以及对设计的思考深度，甚至比苹果还要超前。2010 年前后，当时所有的设计都是拟物，微软突然激进地提出了 metro 设计风格，这种风格相当于对当时主流设计的全部否定，但是否定得有理有据，所有人受到了这种设计思路的启发，设计风格开始扁平化，发布于 2013 年的 iOS7 系统，其设计也是行业全面扁平化设计的开始。

宝马的 Logo 演变如图 4-4 所示。

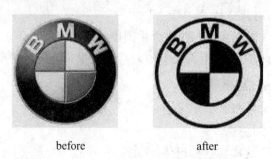

| before | after |

图 4-4　宝马的 Logo 演变

有了上面的分析，做什么样的 Logo 就有思路了。

微商城 Logo 设计不宜复杂化，就算非常复杂，也应该是由最简单的元素构成的。

有赞商城的 12 家企业微商城 Logo 如图 4-5 所示。

图 4-5　有赞商城企业 Logo

三、店铺简介

1. 店铺介绍

店铺介绍就是反映和说明店铺的基本经营管理情况，让消费者了解该店铺的经营范围、经营情况、基本管理模式和联系方式。

2. 店铺介绍的意义

店铺介绍就是让消费者简明扼要地了解店铺的基本情况，通过这些介绍，给消费者留下一个好印象，进而能进店购物。简单地说就是吸引消费者、留住消费者。

3. 店铺介绍的分类

微商城的店铺介绍通常可分为以下几类。

1) 简洁型店铺介绍

简洁型店铺介绍是用最简明扼要的内容介绍店铺。告诉消费者，店铺中的商品都是正品，同时语气用词要尽可能让消费者感到亲切和热情。

2) 促销型店铺介绍

促销型店铺介绍就是把店铺内的促销活动用最醒目的方式表现给消费者，刺激消费者的购买欲望。

3) 详细型店铺介绍

详细店铺介绍不仅仅是店铺经营情况的说明，也可以是单件爆款的解释说明。这种店铺介绍的好处就是能极大地刺激消费者的购买和了解欲望，增加店铺访客和成交额，来达到店铺的经营目的。

4) 独特型店铺介绍

独特型店铺介绍就是用不一样的介绍让消费者进入店铺，进而购买产品。文字内容可能和店铺产品完全没有关系，但是通过这些文字向消费者阐述和说明了店铺的核心理念。

实训内容

一、电商文案

（一）16个可直接套用的电商文案公式

1. 不是……是……

例：我们不生产水，我们只是大自然的搬运工——农夫山泉；我不是天生强大，我只是天生要强——蒙牛。

2. 每个……都值得……

例：每个认真生活的人，都值得被认真对待——蚂蚁金服；每一种笑，都是生活的礼物；每一个爱笑的人，都值得相识——快手；所有问题终将不是问题，每一个提问都值得铭记——夸克。

3. 所有……都……

例：所有的光芒，都需要时间才能被看到——锤子手机；把所有的一言难尽，一饮而尽——红星二锅头。

4. 不……只……

例：只溶在口，不溶在手——M&M巧克力豆；不在乎天长地久，只在乎曾经拥有——铁达时。

5. 再……也……

例：再小的个体，也有自己的品牌——微信；再名贵的树，也不及你记忆中的那一棵——万科。

6. 与其……不如……

例：与其在别处仰望，不如在这里并肩——腾讯微博；与其在原地回忆惊天动地，不如出发再次经历——路虎；与其向往，不如出发——OPPO。

7. 哪有……只……

例：哪有乐观从天而降，只有在乎挺身而出——可口可乐；哪有什么天生如此，只是我们每天坚持——Keep。

8. 没有……只有……

例：没有CEO，只有邻居——万科；没有恰到好处的事情，只有恰如其分的心情——江小白。

9. 要么……要么……

例：要么旅行，要么读书，身体和灵魂必须有一个在路上——罗马假日。

10. 越……越……

例：年纪越大，越没有人会原谅你的穷——蚂蚁金服；越不繁，越不凡——三星。

11. 未必……但……

例：整个世界未必真实，人生或许只是一局在线游戏，但我确信，我以及我的故事是真的——网易。

12. 没有……都/只不过……

例：人生没有白走的路，每一步都算数——新百伦；没有人能真正拥有百达翡丽，你只不过为下一代保管——百达翡丽。

13. 就算……

例：就算人生曲折，衣线始终笔挺——劲霸男装。

14. 有……就有……

例：有人驱逐我，就有人欢迎我——豆瓣；有问题，就会有答案——知乎；这世界有多少人，就有多少位子——肯德基。

15. ……就是/都是……

例：进步就是永不停步——奔驰；微醺，就是把自己还给自己——RIO；世间所有的内向，都是聊错了对象——陌陌。

16. 别……去……

例：别赶路，去感受路——沃尔沃；别想太多，大胆去闪耀——宝洁。

(二) 设计文案

为你的专业(比如电子商务专业)或所属行业设计一句话文案。

二、利用网络工具

寻找网络起名网站，如起名网，根据经营项目，并参考店铺起名建议，为店铺取一个合适的名称。

三、Logo 设置

登录标智客(https://www.logomaker.com.cn/)网站，将设计好的店铺名称输入到"智能Logo设计生成"网络软件工具中，观察获得的 Logo，学习它的创意。

实战任务

一、设置店铺名称

1. 有赞商城品牌店铺命名规范

品牌店铺命名规范如表 4-3 所示。

表 4-3　品牌店铺命名规范

店铺类目	命名形式	注　　释
旗舰店	品牌名＋类目(选填)＋旗舰店 (类目关键词非必填项,根据实际授权类目填写)	(1) 以旗舰店命名,商家是该商标的商标权利人(R 状态或 TM 状态)或持有该商标权利人出具 R 状态的独占授权文件,开设旗舰店的时间应在授权期内; (2) 如果超出授权期未继续获得授权的,则不得再使用"××旗舰店"命名
专卖店	品牌名＋(类目名)＋专卖店	(1) 以专卖店命名,应为已经注册的商标 R 状态,商家应持有自该商标权利人至商家销售该品牌商品的完整授权链; (2) 如果经营多个品牌的,则各品牌应归同一实际控制人所有; (3) 如果超出授权期未继续获得授权的,则不得再使用"××专卖店"命名
专营店	企业字号＋类目关键词＋专营店	(1) 以专营店命名,商家经营两个及以上品牌商品,商家为商标权利人(R 状态或 TM 状态)或商家持有由商标权利人出具 R 状态的完整授权链的销售授权书; (2) 企业字号,是企业名称中除行政区划/行业或者经营特点/组织形式外显著区别于其他企业的标志性文字,如"杭州有赞科技有限公司"中"有赞"即为企业字号

2. 有赞商城店铺命名限制

店铺名不得含有以下内容:

(1) 有损国家、社会公共利益,或有损民族尊严的。

(2) 侵犯他人合法权益的。

(3) 夸大宣传、可能误导公众的。

(4) 包含国际组织名称的。

(5) 包含政治敏感信息的,包括但不限于国家领导人姓名、政党名称、党政军机关名称。

(6) 包含封建文化糟粕、有消极政治影响,或违背少数民族习俗、带有歧视性的。

(7) 包含未经有赞授权和许可使用的名称、标志或其他信息,如含有"有赞"及近似含义的词语。

(8) 未取得品牌认证的店铺,不得使用旗舰店、专卖店、专营店等词语。

(9) 其他违反法律法规或社会公序良俗的。

二、Logo 设置

(一) 店铺 Logo

店铺 Logo 操作路径:在商城电脑端后台,依次选择设置→店铺信息→编辑,修改 Logo 后点击保存。

注：店铺 Logo 图片不允许涉及敏感信息，图片尺寸为 100 px×100 px(px 是像素的英文缩写)，大小不超过 1 MB 即可。

(二) 自定义店铺底部 Logo

设置路径：在店铺后台，依次选择设置→通用设置→店铺底部 Logo，修改并保存。
图片格式：图片尺寸为 330 px×90 px，图片格式为 png，设置底色会自动变成透明的。
自定义底部 Logo 设置后，前台显示效果如图 4-6 所示。

图 4-6　自定义店铺底部 Logo 前台显示

三、店铺简介

可以在商城电脑后台，依次选择设置→店铺信息后，点击右上角的编辑框，进行店铺简介编辑，如图 4-7 所示。

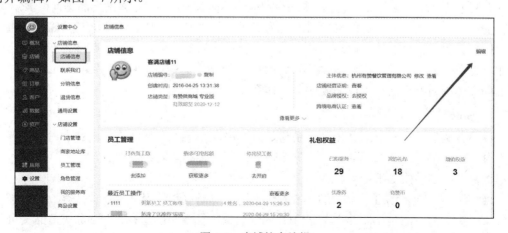

图 4-7　店铺简介编辑

任务 3　商 品 分 组

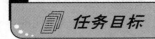

任务目标

- 知识目标：了解商品分组的依据和目的。
- 能力目标：能够进行商品分组及设置。
- 素质目标：增强条理性，提升解决问题的能力。

案例引入

绝大多数商家都会为自己的商城制作一个非常精美的页面，因为这样才能够给消费者一个非常好的浏览和购物体验，同时也能够刺激他们的购买欲。介绍商品的第一步就是要将所有的商品进行分类，如图 4-8 所示。

图 4-8　商品分类

因为每一个微商城里都有大量的商品，如果消费者挨个找的话，则会感觉非常麻烦，甚至可能直接放弃，这样销售效果会变得非常差。同时，进行商品分类，也能提高商家运营的工作效率。所以，在介绍商品的时候，一定要对商品进行详细的分类。

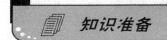

知识准备

一、商品分类

商品种类繁多，据不完全统计，在市场上流通的商品有 25 万种以上。为了方便消费者购买，有利于商业部门组织商品流通，提高企业经营管理水平，须对众多的商品进行科学分类。

商品分类是指根据一定的管理目的，为满足商品生产、流通、消费活动的需要，将管理范围内的商品集合总体，以适当的商品基本特征作为分类标志，逐次归纳为若干个范围更小、特质更趋一致的子集合体(类目)，如大类、中类、小类、细类，甚至品种、细目等，从而使该范围内所有商品得以明确区分与体系化的过程。

1. 商品分类基本原则

商品分类要从有利于商品生产、销售等方面出发，最大限度地方便消费者，并保持商品在分类上的科学性。选择的分类依据要适当，应具有科学的系统性。

商品分类的层次如下：

(1) 大类，体现商品生产和流通领域的行业分工，如五金类、化工类、食品类、水产类等。

(2) 中类(商品品类)，体现具有若干共同性质或特征商品的总称，如食品类商品又可分为蔬菜和水果、肉和肉制品、乳和乳制品、蛋和蛋制品等。

(3) 小类(商品品种)，对中类商品进一步划分，体现具体的商品名称，如酒类商品分为白酒、啤酒、葡萄酒、果酒等。

(4) 商品细目，对商品品种进行详尽区分，包括商品的规格、花色、等级等，更具体地体现商品的特征，如60°交杯牌五粮液。

2. 商品分类体系

在商品分类中，可将任一商品集合总体逐次划分为包括大类、中类、小类、细目在内的完整的、具有内在联系的类目系统。这个类目系统即为商品分类体系。

建立商品分类体系的基本方法有两种：一种是线分类法，另一种是面分类法。

线分类法又称层级分类法，它将拟分类的商品集合总体，按选定的属性或特征逐次分成相应的若干个层级类目，并编制成一个有层级的、逐级展开的分类体系。线分类体系的一般表现形式是大类、中类、小类等级别不同的类目逐级展开，体系中，各层级所选用的标志不同，各个类目之间构成并列或隶属关系。由一个类目直接划分出来的下一级各类目之间存在着并列关系，不重复，不交叉。

面分类法又称平行分类法，它将拟分类的商品集合总体，根据其本身的属性或特征，分成相互之间没有隶属关系的面，每个面都包含一组类目。将每个面中的一种类目与另一个面中的一种类目组合在一起，即组成一个复合类目。

服装的分类就是按面分类法组配的。把服装用的面料、款式、穿着用途分为3个互相之间没有隶属关系的面，每个面又分成若干个类目。使用时，将有关类目组配起来，如纯毛男式西装、纯棉女式连衣裙等。

二、商品分组

1. 场景模拟

假设有热销款式、潮流女包、精品男包3个分类，而一款男女通用的包在女士专用里面，后台怎么设置才能让这个包在主页面同时出现在上述3个分类里面呢？商品分组如图4-9所示。

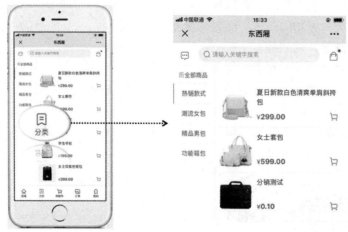

图4-9　商品分组

2. 一件商品同时属于多个分类

当想要实现一个商品同时属于多个分类的时候，就需要用到商品分组功能。如上文中把包分为 3 组，那么这款男女通用的包就可以同时挂在 3 个分组下。

3. 商品分类和商品分组的区别

商品分类是用于商品库商品的分类，可用于内部经营管理、数据分析或财务核算等场景，商品分类的层级一般大于二级，一个商品只有一个分类。

商品分类有 3 种：第一种是系统提供的商品分类(系统自带的)；第二种是商家手动创建的(自定义商品分类)；第三种是在商品分组中创建自定义分类(支持一个商品归属于多个分类)。

商品分组包括门店商品分组和网店商品分组。门店商品分组用于门店日常经营的商品划分；网店商品分组用于网店日常经营的商品划分。商品分组的层级一般较少，一个商品可以挂在一个或多个分组下。

一、分组调研

(1) 调研项目的小组分工。

(2) 调研人员及调研计划安排。

(3) 调研行程，确定调研对象(如附近超市)。

二、商品分类

将调研商品进行商品分类，结合自己的网购经历对每种商品进行说明，包括说明网购商品的商品属性。

以下为超市可能遇到的商品大类，以及不同的商品类目应关注的商品属性。

服装鞋帽类：服装的品牌、款式、材质、风格、尺码等，鞋的分类、材质、鞋号等，帽的款式、材质、工艺、功能、帽围等。

家居日用品类：家纺的工艺、面料、填充物、款式等，家具的品牌、材质、尺寸、风格等，日用品的规格、功效等。

食品类：干杂货食品的包装、保质期、功能等。

数码家电类：品牌、分类、配件及保障等。

图书音像制品类：类型、格式、类别等。

化妆品及美容商品类：品牌、信用评价、原料、适用人群、功能、质量标志等。

虚拟商品类：分类、业务内容等。

一、功能路径

在商城电脑端后台，依次选择商品→商品分组→新建商品分组，进行新建并编辑。

二、操作流程

(1) 新建一级分组，如图 4-10 所示。

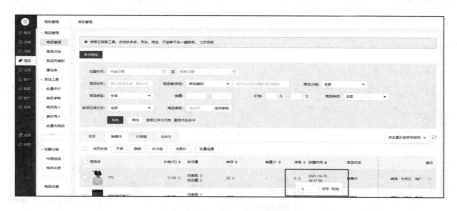

图 4-10　新建一级分组

在新建一级分组中设置分组名称、分组别名、排序方式、搜索框、列表样式、是否显示购买按钮及按钮样式、是否显示商品名、是否显示价格、是否开启分组筛选、商品标签简介等信息。

商品序号设置可以通过商品选项中的商品管理进行修改，如图 4-11 所示。

图 4-11　商品序号设置

(2) 创建二级分组，可设置分组别名，如图 4-12 所示。

图 4-12　创建二级分组

(3) 给商品设置分组。支持单个添加或批量设置。

① 编辑商品时，选择对应的商品分组后保存，如图 4-13 所示。

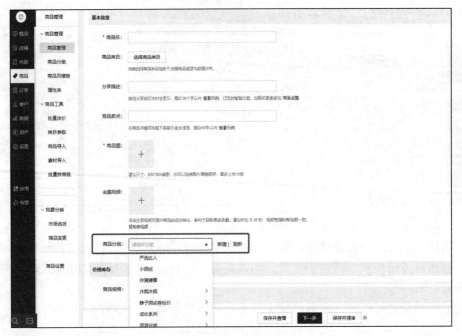

图 4-13　单个添加分组

② 批量设置。选择"商品"中的"商品管理"后勾选相应商品，再选择"改分组"，即可批量修改商品分组。

(4) 应用商品分组。在微页面装修时，在组件中选择"商品"组件，添加商品分组，可将商品分组的商品展示在微页面上，便于消费者购买，如图 4-14 所示。

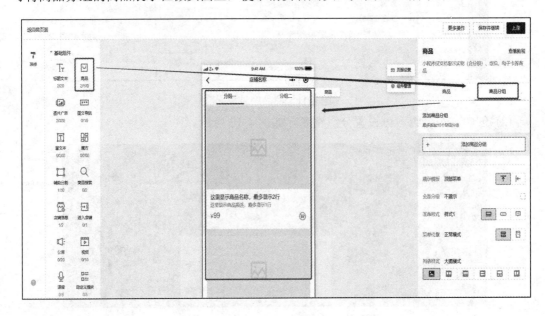

图 4-14　应用商品分组

任务4　商品描述

任务目标

· 知识目标：了解商品标题和商品详情的主要内容。

· 能力目标：能够进行商品标题优化和商品详情的编写。

· 素质目标：提升文案写作和解决问题的能力。

案例引入

一个好的详情页更容易吸引消费者驻留，一般情况下，详情页上面需要展示的内容很多，如色彩、细节、搭配、销量、优惠、保养、物流等，这些内容又被分为以下几类。

(1) 商品展示：色彩、尺码、细节、搭配。

(2) 实力展示：品牌、荣誉、资质、销量。

(3) 吸引购买：情感、品质、口碑、实力。

(4) 促销说明：活动、关联、搭配、优惠。

(5) 交易物流：发货、维护、保养、物流。

因此，一个完整的详情页往往由产品海报、产品参数、细节展示、产品优势、物流配送等部分构成。通过图文结合的形式将产品全方位地展现出来，以提高消费者的购买欲望。

一、产品海报

产品海报能够使消费者对所售产品产生第一印象，因此要在产品海报中尽可能地将产品的特点表现出来。比如，保健品要体现出健康、天然、有营养的特征；电子产品要体现出科技感与高端、大气的特征；母婴产品要体现出安全、卫生、舒适的特征等，来迎合消费者潜在的内心需求。产品海报图例如图4-15所示。

二、产品参数

为了引导消费者了解产品，任何产品均有自身的产品参数表。比如，女装包括穿着方式、尺码尺寸、适用年龄、颜色等；生活用品包括品牌名称、货号、产品结构、颜色、材质、使用方式等；数码产品包括上市时间、售后服务、体积、重量等。产品参数图例如图4-16所示。

图4-15　产品海报图例

图 4-16　产品参数图例

三、细节展示

细节展示通过放置产品的一些细节，对产品进行详细描述，比如，服装展示着装效果、器具显示操作方式、食品显示食用方式等。细节展示的文案不必过多，但图片细节要清晰、有质感，以生动、简洁的形式与消费者拉近距离。细节展示图例如图 4-17 所示。

图 4-17　细节展示图例

四、产品优势

产品优势引导消费者接纳产品并点击购买。产品优势是消费者货比三家的重要信息，所以商家需要将产品的优势尽可能地展示出来，表现出优于其他产品的性能。

在产品优势中，可以采用多种表现形式。

第一种为对比形式，不同产品有不同的对比形式，通过自身产品与其他产品的质量对比，或使用前与使用后对比等方式来体现产品优势。对比式产品优势图例如图 4-18 所示。

第二种为放大形式，采用自述的形式将产品荣获的口碑、排名、销售量等方面信息以图文形式进行介绍，有针对性地对产品进行整体点评，以提高产品的销售量。放大式产品优势图例如图 4-19 所示。

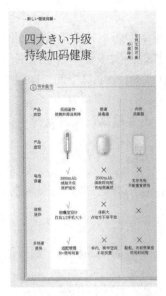

图 4-18　对比式产品优势图例　　　　　图 4-19　放大式产品优势图例

五、物流配送

物流配送一般出现在详情页的尾端，介绍产品的包装配件信息和打包方式、物流等事项。

对于很多人来说，他们可能不知道如何介绍微商城里面的商品，导致消费者进入商城之后根本没有兴趣购物，这样就会严重影响销售业绩。店铺的设置，首先选品要符合市场需求与市场定位，在此基础上，要完成标题优化和商品详情的优化。

一、商品标题

商品标题是描述商品的名称，消费者可以通过名称快速地找到商品，并了解商品的属性、类别、特点等。

(一) 商品标题的功能

商品标题的功能有 3 个方面：一是告诉消费者卖的商品是什么；二是告诉搜索引擎卖的商品是什么；三是影响自然搜索结果排名。

1. 制作流程

(1) 从关键词词库中找出合适的关键词。

(2) 根据关键词数据指标筛选关键词。

(3) 调整标题关键词排序。

(4) 确定商品标题。

2. 制作技巧

(1) 合理利用标题空间。不同微商城平台对商品标题字符数的要求不同，微盟要求商品标题不能超过 80 个字符，也就是 40 个汉字，其他绝大多数平台要求商品标题不能超过 60 个字符。这就需要在标题制作时充分利用这 60 或 80 个字符空间，标题要尽可能覆盖所处类目的关键词，并将重要关键词、核心词前置。

(2) 符合消费者的搜索习惯。标题的优化频率不宜过高，尤其是爆款，不要轻易调整标题顺序。

3. 制作误区

直接复制爆款标题；直接按自身想法写标题；盗用其他品牌词；堆砌关键词。

(二) 商品标题的优化

商品标题的优化是关键词的组合优化，得出高质量的商品标题，提升商品的展现，提高商品的点击率，获得更优质的自然流量。

按照商品所处的竞争阶段，可以将商品分为爆款、日常销售款、新品/滞销品 3 种类型进行标题优化。

1. 爆款标题优化

爆款标题应该选择行业内的热词、短词，剔除和自身商品不相关的属性和品牌词，选择点击次数最多、热搜指数最高的关键词组合成曝光度最高的标题。

2. 日常销售款标题优化

日常销售款选择关键词，应该以商品属性词为基础进行关键词的拓展，从而达到较高的转化率。可选择展现指数和点击指数较高的属性关键词。

3. 新品/滞销品标题优化

新品/滞销品要获得精准的搜索流量，尽量选择竞争度小但较精准的关键词放到标题中，如优质的长尾词。

二、商品详情

详情页是否有效，不仅在于内容的完整性，还在于描述页中各个内容的展示顺序及阅读逻辑。经过数据统计，前五屏描述页的转化率最高，因此在做微商城商品描述页布局规划的时候，特别要注重前五屏的内容。下面介绍描述页面当中需要注意的设计以及用户体验的技巧。

首先，详情页面分为图片展示和功能效果两块。

1) 图片展示设计注意要点

(1) 图片排版有序。图片陈列不是越大越好，应利用最少的空间展现出最合理的图片。

(2) 图文结合。在呈现图片的同时标以文字介绍，消费者浏览图片时也可以了解商品。

2) 功能效果设计注意要点

(1) 文字不宜过多。在介绍商品的功能效果时，过多的文字容易让消费者感到厌烦，所以在文字较多的情况下，要注意文字的排版和设计，切勿把未做处理的文字直接呈现给消费者。

(2) 前后对比。在描述一些有功能效果的商品时，多使用前后对比的图片来展现商品的特点和优势。

(3) 避免消费者阅读疲劳——页面不宜过长。一般无功能性介绍的商品描述页面长度不超过 5000 px。

(4) 增加消费者购买欲望——促销活动区。在商品描述中加进促销信息，让消费者了解商品的同时清楚可以享受的促销优惠，让促销优惠来刺激消费者的购买欲望。

(5) 增加客单价——商品推荐。客单价是指商场中，每一个消费者平均购买商品的金额，微商城中的客单价就是平均每笔订单的成交金额，买得越多客单价就越高。商品推荐有两种，一种是同类商品推荐，设计必须要突出同类商品中不同商品的优势，告诉消费者如何进行商品选择，还可以体现出购买咨询和导购信息；另一种是搭配商品推荐，设计中要突出不同商品搭配的艺术，或功能或效果或视觉呈现，让消费者明白购买搭配商品不光得到价格上的优惠，还能带来更多的附加价值。

(6) 增加消费者易用性(访问深度)——分类模板。很多消费者更希望自行选择，所以在描述中体现所有产品或者相关产品的分类，让消费者有更多的选择余地,提高消费者的访问深度。

(7) 增加消费者咨询率——咨询功能模块。消费者在浏览不同信息的时候会产生不同的想法，当消费者介入时，转化率会大大提升。因此，把自己当成消费者，考虑消费者在看到什么信息的时候会咨询，同时把咨询客服添加到详情页醒目的地方，增加咨询率。

其次，商品详情页到底需要哪些内容？

很多访客没有对店铺商品进行仔细浏览就选择了直接离开，这对店铺来说是很大的损失。如何制作出高转化率的详情页来减少跳出率呢？跳出率和停留时间这两个数据往往影响着店铺或者商品的转化率。跳出率越低，停留时间越长，意味着这个商品的转化能力就越强。解决核心问题的关键是满足消费者的需求，只有解决了消费者最核心的需求点，才能激起消费者的购买欲。

比如食品，消费者关心的是产地、规格、产品优势，如图 4-20 所示。

关联销售或优惠券
(相关联的商品或引导扫码关注公众号领取优惠券)

商品信息

产地信息
(产地介绍、产地文化等)

商品规格

商品包装及售后
(包括商品包装、物流信息、售后服务)

图 4-20 食品类消费者关注层次

比如亲子，消费者关心的是商品来源、属性(是否安全)，如图 4-21 所示。

图 4-21 亲子类消费者关注层次

比如礼品鲜花，消费者关心的是花材、包装、物流，如图 4-22 所示。

图 4-22 礼品鲜花类消费者关注层次

比如女装，消费者关心的是配套搭配、尺寸、样式、材质、包装物流等，如图 4-23 所示。

图 4-23 女装消费者关注层次

最后，利用 FABE 法则，让详情页更添彩。

FABE 法则是由美国奥克拉荷大学企业管理博士、台湾中兴大学商学院院长郭昆漠总结出来的。FABE 法则是非常典型的利益推销法，而且是非常具体、操作性很强的利益推销法。它通过四个关键环节，极为巧妙地处理消费者关心的问题，从而顺利地实现产品的销售。举个例子：你在店里买衣服，会有人这么说："我们这款针织衫是水貂毛做的(特征)，保暖性是羊绒的四倍(优点)，您穿起来一定非常暖和(带给你的利益)，我们这是厂家独家授权认证的(证据)。"如图 4-24 所示。

图 4-24 FABE 法则

根据这个法则推演线上的产品详情页设置，罗列出产品需要展示的事项，就会发现这个产品也能火起来。

三、商品描述应注意的问题

(1) 突出商品与同类商品相比所具有的优势与特点，以及能为消费者带来的价值。市场同质化严重的当下，消费者不可能只看一家的商品，商家应该在详情描述里面尽可能写清楚商品的所有参数，让消费者清晰地了解商品，促进成交率。

(2) 商品的细节图片。很多商家在放置商品时只放几张外观图，而外观图是可以美化的，消费者有自己的辨别和思考能力。因此，商家应该多放一些商品的细节图，比如服装类要突出商品的材质、做工等。

(3) 确保商品描述清晰易读。商品描述的文字要给消费者一种清晰明了的感觉，一些重要的提示要加粗，但不要将所有字体都加粗。文字的字体和颜色也要注意，色彩不能过于繁复。

(4) 为消费者提供购买商品的常见问题集锦，为消费者提供一些常见问题的解决方案。

一、商品标题编辑

店铺的商品标题一般都是默认 30 个汉字、60 个字节，所以要好好地利用这 30 个汉字，千万不要浪费。

商品标题的构成要素有商品名称、规格、所属品牌、材质、用途、辅助说明等。通过价格、进货渠道、售后服务、店铺信誉度、成交记录、网店名称等在标题中突出卖点。

试对以下三件不同商品进行商品标题的编辑。

商品一：新款三星水钻嵌花手机壳，如图4-25所示。

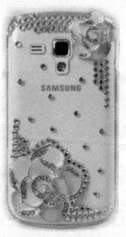

图 4-25　新款三星水钻嵌花手机壳

商品二：甜蜜情侣个性版 iPhone 手机壳，如图4-26所示。

图 4-26　甜蜜情侣个性版 iPhone 手机壳

商品三：宽松圆领，棉麻长袖，盘扣，套头衫，如图4-27所示。

图 4-27　民族风上衣

二、商品信息编辑

(1) 商品详细信息。

生产许可证编号：330104012345。

产品标准号：GB/T23456。

厂名：浙江敬亭食品有限公司。

配料表：牛肉、芝麻、白砂糖、食用盐、白酒、酱油、植物油、味精、香辛料等。

储藏方法：阴凉干燥处。

保存保质期：365 天。

食品添加剂：乳酸钙、辣椒红、亚硝酸钠、迷迭香提取物。

包装方式：包装。

肉类产品：其他。

重量(g)：180。

食品工艺：其他。

品牌系列：××牛肉。

口味：麻辣味、五香、其他。

是否含糖：含糖。

是否为有机食品：否。

产地：中国。

省份：浙江省。

(2) 根据以上信息，为该产品编写一份页内信息，尽量使用图文结合形式。

一、商品标题优化

微商城商品标题优化，也可以利用淘宝的素材和搜索引擎。

(1) 将商品的中心词放在最前面，提升商品的搜索权重。中心词是发布商品时的类目词，也可以是名称词。发布的类目是休闲套装，中心词就是休闲套装，发布的类目是连衣裙，中心词就是连衣裙等，中心词前最好加一个热搜词，比如使用"爆款"两字。与商品最相关的关键词排在最前面，其权重会大大增加，如表4-4所示。

(2) 中心词后面也可以放一些热搜的关键词，如"新款、夏装、女装、韩版、时尚"等，一定不能选择与商品无关的关键词，这些词在标题里不但没有作用，有可能还会起到反作用。

(3) 商品相关的属性词放在后面，提升搜索的精准度，如"2017、韩版、背心、V领、牛仔"，这些就是商品属性，千万不要忽视这些属性，它们都是很关键的。

(4) 关键词组合要留出必要的空格。最好不要超过 3 个空格，一般情况 1 个空格最好，如休闲套装和连体裤，将这两个中心词两头排列，中间空格。

表4-4　搜索关键词

匹配方式	设置的关键词	搜索关键词	是否展示
精准匹配		鞋	否
精准匹配		男鞋	是
精准匹配		商务男鞋	否
中心词匹配		鞋	否
中心词匹配	男鞋	男鞋	是
中心词匹配		商务男鞋	是
广泛匹配		鞋	是
广泛匹配		男鞋	否
广泛匹配		商务男鞋	否

(5) 关于标题关键词的组合。尽可能地把选出来的关键词组合为更多的搜索关键词，尽可能地符合消费者的搜索习惯。

(6) 不要加一些特殊符号，如【、{、～、< 等，加了这些符号会严重影响标题质量。另外，标题一定要写够 30 个字，有些微商城的要求是 40 个字，总之要尽可能写满。

标题的优化不是一次就能成功的，需要不断试探、改进、删词、加词，平时多积累有用的热门搜索词，加在对应商品的标题里试探，结合商品的上下架时间，搜索商品排名情况，这样才能获取符合商品的标题。

二、如何设置商品详情页？

操作路径：在商城电脑端后台，依次选择商品→商品管理→找到对应的商品→编辑，即可编辑商品详情内容，如图 4-28 所示。

图 4-28　编辑商品详情内容

任务5 商品发布

任务目标

- 知识目标：利用商品页模板，完善商品页信息。
- 能力目标：能在微商城进行商品发布。
- 素质目标：提升自主学习的能力。

案例引入

网店与传统实体店的最大区别在于网店商家无法与消费者面对面地沟通，而且消费者真正能与商家主动沟通的还是很少。因此，商品的展示就尤为重要。在网络上，商品的名称、功能、特点、价格与图片展示等，取代了传统实体店店员对消费者活灵活现的介绍及导购。

中国茶叶网是阿土伯交易网旗下茶叶行业的电子商务网站，在此平台可以查询茶叶信息、价格、厂家，如图4-29所示，茶叶供应商在该网站可以免费发布茶叶供求信息，该网站还提供免费茶叶商铺。

图4-29　茶叶供求信息发布平台——中国茶叶网

知识准备

一、商品页模板

通过在模板里添加对应商品的关联推荐、店铺营销活动入口等内容，使不同的商品使用同一个模板。同时修改模板后，所有使用该模板的商品详情页都将更新(商品详情内容不会改变)，从而方便快捷地编辑和管理商品。通过该功能，将极大地提升消费者的浏览体验，提升访问深度，提升关联购买，从而提升店铺的成交转化率。

商品页模板展示结构(模板均应用在商品详情页中)，如图 4-30 所示。

图 4-30　商品页模板展示结构

二、如何使用模板

1. 创建模板

(1) 在微商城后台，依次选择商品→商品页模板→新建模板，并选择对应的模板样式，有普通版和简洁流畅版。普通版是指打开商品页详情时，默认展示商品详情等信息，让消费者第一时间看到商品详情等信息。简洁流畅版是指打开商品页详情时，折叠展示商品详情等内容，让消费者更清晰流畅地查看商品。

(2) 给创建的模板命名后，即可进行模板内容的设置。通过组件来设置，如设置图片广告、营销活动。也可拖动模板内容区来改变其展示的顺序，可将创建的内容区放在商品详情页的头部和底部。

2. 运用模板

1) 单个商品使用模板

可在发布商品时编辑商品详情，并选择模板。系统默认提供普通版和简洁流畅版。普通版直接显示商品详情等信息；简洁流畅版折叠显示商品详情等信息。

2) 多个商品批量使用模板

(1) 商品页中，批量选择商品后，选择页面底部的"修改模板"后，再选择对应的模板，即可使多个商品同时使用该模板。

(2) 可对商品分组进行模板设置，选择对应的分组，批量选择商品后，即可以进行模板修改。

三、模板规则限制

(1) 拍卖商品的展示只显示普通样式，无简洁样式。

(2) 供货商在有赞微商城设置的商品模板，对应的分销商端不会展示该模板；分销商可自行添加、编辑商品模板。

商品发布

一、功能介绍

通过商品发布，可以将商品上架到微商城。

二、功能路径

新建商品操作路径：在商城电脑端后台，依次选择商品→商品管理→发布商品。

三、操作流程

1. 选择商品类型

商品类型有实物、虚拟、电子卡券、酒店、蛋糕烘焙、海淘商品、生鲜果蔬、餐饮商品等，其中海淘商品、生鲜果蔬、餐饮商品这 3 种商品类型需要满足对应的类目或资质才可以使用。

根据系统提示设置商品名、商品图片、价格、库存等，* 为必填项。商品图片建议尺寸为 800 px×800 px，可以拖拽图片调整顺序，最多上传 15 张商品图片。

2. 添加商品库存

如果上传的商品为多规格的商品，则可以在商品内容中添加新的商品规格。点击添加规格图片，可以在每个规格中添加图片，当消费者下单时，就可以看到上传的不同规格的图片。

商品没有优惠的情况下，划线价在商品详情会以划线形式显示。

3. 库存扣减设置

在库存扣减设置中选择库存扣减方式，填写库存数量，选择是否参加会员折扣。

拍下减库存：消费者提交订单，扣减库存数量，可能存在恶意占用库存风险。

付款减库存：消费者支付成功，扣减库存数量，可能存在超卖风险。

如果希望会员享受会员价，则可以选择会员折扣。

4. 选择物流信息

选择配送方式：快速发货、同城配送、到店自提。

选择快速运费：统一邮费、运费模板。

5. 其他信息填写

可以在此设置商品是否为预售商品，是否为限购商品。同时，可以选择商品上架时间，默认为立即上架售卖。

如果商品需要消费者在购买时留言，则需添加留言功能。留言标题可以自定义。

如果商品为海淘商品，需要消费者提供身份证号或者身份证照片，则需勾选身份证信息及身份证照片。

6. 编辑商品详情

可以按照商品内容设置商品详情，若希望商品详情页统一，则可以设置商品页模板。

商品规格设置

添加及修改商品规格的操作路径：在商城电脑端后台，依次选择商品→商品管理→编辑→编辑基本信息→商品规格。

(1) 商品规格名字可以手动输入，如颜色、款式、大小(输入具体规格参数时，点击回车键即可键入)。

(2) 在规格名中可以填写规格值，如衣服、鞋子的具体尺码。在一个商品中，支持设置多个规格名和规格值。

(3) 勾选规格名后面的"添加规格图片"，可上传商品规格图。

注：规格排序仅支持同一规格值内左右拖动排序，不支持跨规格值拖动调整规格排序。

知识拓展

茶叶的分类

中国的茶叶种类很多，分类也很多，但被大家熟知和广泛认同的是按照茶的色泽与加工方法分类，即六大茶类：红茶、绿茶、青茶、黄茶、黑茶、白茶，如表4-5所示。

茶叶分类

表 4-5　茶 叶 分 类

分类	红茶	绿茶	青茶	黄茶	黑茶	白茶
英文名	Black Tea	Green Tea	Oolong Tea	Yellow Tea	Dark Tea	White Tea
发酵方式	全发酵	未发酵	半发酵	轻发酵	后发酵	轻发酵

红茶在加工过程中发生了以茶多酚酶促氧化为中心的化学反应，鲜叶中的化学成分变化较大，茶多酚减少90%以上，产生了茶黄素、茶红素等新成分。

　　绿茶是中国的主要茶类之一，是指采取茶树的新叶或芽，未经发酵，经杀青、整形、烘干等工艺而制作的茶。

　　青茶，亦称乌龙茶。乌龙茶是经过采摘、萎凋、摇青、炒青、揉捻、烘焙等工序后制出的品质优异的茶。

　　黄茶属轻发酵茶，加工工艺近似绿茶，只是在干燥过程的前或后增加一道"闷黄"的工艺，促使其多酚叶绿素等物质氧化。

　　黑茶因成品茶的外观呈黑色，故得名。黑茶主产区为四川、云南、湖北、湖南、陕西、安徽等地。

　　白茶属轻发酵茶，是指茶叶采摘后，不经杀青或揉捻，只经过晒或文火干燥加工的茶。

项目五　微商城装修

学习提示

　　微商城是很多商家都看好的一个营销平台，商家可以借此提升商品销量。在激烈的竞争中，商家想赢得客户就必须要创新，新颖的装修画面会帮助商家获得更多的订单。本项目主要探讨微商城的各类装修技巧。

微商城装修

学习重点

　　微商城 Logo 设计、微商城店招设计、微商城店铺装修以及微商城海报设计。

学习难点

　　微商城店铺详情页设计和微商城活动促销海报设计。

任务 1　Logo 设计

任务目标

　　• 知识目标：了解 Logo 设计的重要性，掌握 Logo 设计的创意和营销方法，了解常用的 Logo 设计软件。
　　• 能力目标：提升学生 Logo 设计的创意和营销能力。
　　• 素质目标：提升学生沟通、交流的能力。

案例引入

　　不管经营什么样的店铺、什么样的产品，首先要给店铺起一个很响亮的名字，然后设计一个属于店铺自己的 Logo，这样大家就可以记住店铺的名字，这对于店铺装修很重要。

花西子是最近几年迅速崛起的美妆品牌，店铺的整体装修风格是品牌的一个亮点。花西子通过优化店铺Logo，在消费者心目中树立了一个中国风的形象，突出了东方人的美妆特色，如图5-1所示。

图 5-1 花西子 Logo

微商城装修是微商城运营的第一步，如何搭建一个功能完整、视觉良好、结构合理的微商城呢？这是本项目要解决的问题。

微商城搭建的效果很大程度上是由商家的设计思路来决定的。微商城通常是由商城首页、商品页、菜单栏、个人中心和运营体系5个部分构成的。首页搭建是微商城制作的第一步，也是最重要的一步。在着手搭建之前，通常会先确定首页的框架，也就是说，需要确定在商城首页放哪些模块，以及各个模块之间如何布局。对大多数的微商城来说，通常包括 Logo 设计、顶部广告位、图文导航栏、优惠信息、促销活动、商品信息等。本任务先来学习微商城的 Logo 设计。

一、微商城 Logo 设计的注意要点

Logo 是标志、徽标的意思。Logo 设计要体现企业的文化或者产品的特点。因此，设计 Logo 时应注意以下 4 点。

第一，要提供一个让他人进入微商城的门户。而 Logo 图形化的形式，比文字形式的链接更能吸引人的注意。Logo 是网站形象的重要体现。对一个微商城来说，Logo 就是微商城的名片，而对于一个追求精美的微商城，Logo 更是它的灵魂所在，即所谓的"点睛"之处。Logo 能使受众便于选择，一个好的 Logo 能够反映企业文化或者产品特色，可以让客户了解这个微商城的类型或者内容。

第二，Logo 的国际标准规范。为了便于 Internet 上信息的传播，需要一个统一的国际标准。实际上已经有了这样的一整套标准。其中，关于网站的 Logo，目前有 3 种规格：一是 $88\,px \times 31\,px$，这是互联网上最普遍的 Logo 规格；二是 $120\,px \times 60\,px$，这种规格用于常规 Logo；三是 $120\,px \times 90\,px$，这种规格用于大型 Logo。

第三，Logo 的制作工具和方法。目前有专门制作 Logo 的软件，平时所使用的图像处理软件或者动画制作软件都可以很好地制作 Logo，如 Photoshop、Fireworks 等。而 Logo 的制作方法也和制作普通的图片及动画没有太大区别，不同的只是规定了它的大小而已。

第四，一个好的 Logo 应具备 4 个条件：一是符合国际标准；二是精美、独特；三是与微商城的整体风格相融；四是能够体现微商城的类型、内容和风格。

二、提升 Logo 设计的创意和营销价值

很多设计师在进行 Logo 设计时，往往不知道从何下手，甚至有部分设计师习惯直接在电脑的设计软件中天马行空地绘制，想到哪里就画到哪里，这样的情形导致设计出来的 Logo 质量不佳。下面分别从 Logo 含义、Logo 图形、Logo 文字和 Logo 形式 4 个方面分析 Logo 设计中常用的几种创意思维方式。

（一）Logo 含义

1. 象征性

象征性就是采用视觉图形符号，唤起人们对于某一抽象意义、观念或情绪的记忆。象征性标志是建立在一个民族特定的文化和宗教基础上的、具有相同的生活环境的人群，才能正确传达与理解其象征的意义。象征性 Logo 可以用一种动物或一个符号把企业的理想和气质含蓄地表达出来，如图 5-2 所示。

图 5-2　象征性 Logo

2. 比喻性

比喻性就是采用一个或一组视觉符号，表达相平行的另一层相关含义。比喻性标志建立在两者在性质或关系的共性之上。比喻性标志是借 A 说 B 的过程，从侧面讲述问题，需要读者参与联想来完成整个设计的构思过程。这种图形表达方式富有趣味性与深刻性，并留有文化艺术的想象空间，如图 5-3 所示。

图 5-3　比喻性 Logo

3. 故事性

故事性就是采用故事中的角色或符号作为标志设计的元素，借用故事的广泛流传程

度，传达企业的理念或行业特征。基于大众对故事的认知程度，故事性的方法具有很好的传达效果，如图 5-4 所示。

图 5-4　故事性 Logo

（二）Logo 图形

1. 具象标志

具象标志在选择题材时，要尽量采用人们熟悉的元素，并在此基础上创造个性成分。熟悉的元素能牵动人们的视觉神经，引起人们的共鸣并产生深刻记忆。很多企业标志把通俗元素引进来，可以塑造企业的亲切感，增加商品的个性与差异，如图 5-5 所示。

图 5-5　具象图形 Logo

2. 象形标志

象形标志在具象标志的基础上开始简化，提炼特征形态符号来传达企业的关键信息，如图 5-6 所示。

图 5-6　象形图形 Logo

3. 抽象标志

抽象标志是由设计者创造出的一种图形，用来表达企业的内涵与愿景，如图5-7所示。

图5-7　抽象图形Logo

(三) Logo文字

1. 英文标志

英文标志相比图形标志的一个优势，就是观看者能"读出"他们的所见，产生传达媒介上的一致性，在听觉与视觉上做到统一。因此，国际化大企业一般都采用英文的文字标志，如图5-8所示。

ESPRIT　**ShiftDock**　**Nestlé**

图5-8　英文Logo

2. 中文标志

现代中文字体标志逐渐向平面化、个性化发展。在经历国际化的同时，中文标志也不断学习借鉴中国书法字体和民间装饰字体，发扬汉字之美，如图5-9所示。

图5-9　中文Logo

(四) Logo形式

点的纯粹、肌理的质感、线的敏感、面的多元等都是Logo的形式体现，如图5-10所示。

形式出发: 点的纯粹

形式出发: 肌理的质感

形式出发: 线的敏感

形式出发: 面的多元

图 5-10　Logo 形式

一个好的创意构思是一个企业品牌和形象塑造的基础，一个优质 Logo 可极大地提升 Logo 设计的营销服务价值，促进企业品牌和产品的高速发展，提升品牌社会形象和市场影响力，降低品牌营销的成本。

三、Logo 设计常用软件

1. PS

PS 的英文全称为 Adobe Photoshop，是一款常用的图像处理软件，也是平面设计领域的重要软件。Photoshop 主要处理由像素构成的数字图像，能够有效地进行图片的编辑。

2. CorelDRAW

CorelDRAW 是由世界顶尖软件公司开发的图形图像软件。因其具有较强的设计能力，而被广泛应用于企业商标设计、标志制作、模型绘制、插图插画、排版、分色输出等方面。CorelDRAW 对矢量格式图可任意缩放。通常情况下，设计师的电脑上都安装了该软件，用于商业设计与美术设计。

3. Adobe Illustrator

Adobe Illustrator 是一款较好的图像处理工具，常用于出版、多媒体、在线图像的工业标准矢量插画设计。在图像设计中，设计师常常用该软件进行印刷出版、专业插画、多媒体图像处理、互联网页面制作等。对于公司 Logo 设计来说，Adobe Illustrator 也是一款常用的软件。

小米公司 Logo 中的"MI"代表"Mobile Internet"。"MI"也有其他含义，包括"Mission Impossible"，因为小米早期面临许多看起来不可能经受住的挑战。

2021 年 3 月 30 日，小米公司宣布启用新 Logo，开始升级品牌识别系统，新旧 Logo 对比如图 5-11 所示。

新　　　　　　　　　　　　旧

图 5-11　小米新旧 Logo 对比

小米新 Logo 的设计理念为"Alive"，即生命感设计，这是继"空"之后，原研哉提出的另一个重要全新理念。他认为："科技越是进化，就越接近生命的形态。因此，人类与科技是不断接近的。"

小米新 Logo 变好看了，但是无非就是从方形轮廓变为椭圆形轮廓，这是大部分人的看法。但是，用旧的小米之家品牌 Logo 和新的小米之家品牌 Logo 进行对比会发现一些小细节。

旧的小米 Logo 挂在小米之家的门店上面，显得庄严，但其实不是很符合小米主打年轻群体的互联网思维。而新的小米 Logo 挂在小米门店上，则显得十分灵动与时尚化，简约而不简单。

这次小米 Logo 设计的改进，共花费 200 万元。改进很有必要，原因有以下几点：

第一，原研哉亲自操刀，大师作为背书。

第二，新 Logo 引起网络热议，关注度和销售额都提升了。

第三，Logo 的细节处理到位。

还有一个值得注意的细节，那就是外形从方到圆、从不完美到完美，而小米的发展也是从弱到强，这个细节处理凸显了设计大师的美学思维。

同学们可结合课堂所学知识，以小组为单位，对我校 Logo 进行分析，并提出改进建议。

实战任务

　　Logo 属于 VI(Visual Identity，视觉识别)系统里基础规则的一部分，而 VI 只是属于品牌策划里品牌形象设计的一部分，而品牌策划属于大型企业战略不可或缺的一部分。

　　Logo 设计的前提是设计师与企业品牌策划的沟通，良好的沟通能减少许多不必要的麻烦。举个例子，1886 年可口可乐的 Logo 是自己设计的，一分钱都没有花，但 2008 年英国石油公司为商标设计投入 2.11 亿万美元。设计的 Logo 花费了 200 元还是 2000 元，这不是彰显能力高低的标准，而是有没有考虑 Logo 设计的出发点以及营销价值等相关要素，其设计要符合行业特点和企业战略，同时要辨析品牌策略、进行品牌形象定位、审视 VI 系统标准等。一个优秀的设计师，不是迎合消费者的需求，而是正确引导消费者的需求。

　　试结合课堂所学知识提供一个学院 Logo 设计方案，以小组为单位使用 PPT 进行汇报。

任务 2　店 招 设 计

任务目标

- 知识目标：了解微商城店招设计的基本技巧。
- 能力目标：能根据自身店铺特点设计出具有吸引力的店招。
- 素质目标：提升自主学习和解决问题的能力。

案例引入

　　好的装修风格可以吸引消费者的眼光，可以使消费者对店铺产生好感。通过店铺的店招优化，让消费者清楚店铺的定位，也可以了解店铺的活动以及新品、爆款、分类等信息。花西子店招如图 5-12 所示。

图 5-12　花西子店招

一、认识店招

店招就相当于一个店铺的招牌，其最基本的要求就是必须清晰、美观。对于微商城来说，店招的主要作用是传达店铺信息，美化店铺形象。

有些微商城店主在设计店招的时候喜欢把想要告诉消费者的信息全都展示上去，如Logo、店铺介绍、优惠活动、推荐款式等。然而，有经验的美工告诉我们，这种内容极其"丰富"的店招，会让消费者的眼球消费达到极限，消费者根本没有耐心再进店铺浏览，不能有效地将流量转化为成交量。

二、店招设计技巧

1. 信息不要太多

店招传达的视觉信息不要过多，一般1～2个就足够了。试着站在消费者的角度思考，他们想看到什么样的内容。如果想做好老客户营销，可以突出促销信息；如果是新客户，那么他们可能更想了解这个品牌的文化信息。

2. 突出品牌形象

店招中品牌Logo的位置一定要醒目，并且通过Logo简短生动地展现，有效地将品牌形象留在消费者脑海中。

3. 经常更换店招

根据店铺目前的经营情况经常更换店招，让消费者有新鲜感。比如节日促销的时候，可以在店招上突出活动的信息，但是不能忽略品牌文化的传递。

4. 不要同时使用多种颜色

店招的色彩要综合考虑店铺的定位、行业特性、公司品牌等要素，重点关注背景色和字体颜色两个方面。背景色要和店铺总体色彩一致或接近，字体颜色不宜过多，一般两种颜色即可。

三、店招怎样做才吸引人

店招要遵循两个原则：首先，能够通过店招树立起网店的品牌形象；其次，能够通过店招让人明白网店到底卖什么。

一般好的店招要具备以下几点：

(1) 店铺的Logo和名字。有店铺的标志和名字，才能树立品牌形象，才能让消费者记住店铺。

(2) 店铺个性化。很多商家的店铺可能不大，但是也要有自己的特色和优势，让消费者印象深刻。

(3) 促销活动。促销活动是店铺绝佳的展示机会，所以一定要将促销活动放在店招里，将消息第一时间传达给消费者，引导消费者购买。

如果做到了以上几点，那么这个店招基本上就是成功的，切忌追求标新立异，将店招做得花里胡哨。

实训内容

如果想要消费者对店招过目不忘，就要注意两个方面：一是识别性，要着重店面的形象，扩展视觉影响，刺激心思感触，让店面形象愈加深入；二是传达性，对内要标明团结性，对外要标明差异性。

店招分为小店招和大店招。小店招图片尺寸为 640 px×320 px，不大于 100 KB，格式类型为 jpg、png。大店招图片尺寸为 640 px×640 px，不大于 200 KB，格式类型为 jpg、png。

茶文化是中国的传统文化，很多茶叶店的店招设计得古香古色，偏向中式风格。以夸张人物或动物造型制作的店招也是很多茶叶店和烟酒行常用的方法，这类店招制作有较大的趣味性。

试以西湖龙井为店铺主打产品设计一个茶叶店铺的店招。

实战任务

1. 分析学院专业特色

先分析所在学院的特点，再分析学院下属专业的特色，提炼若干设计元素。

2. 设计公众号标志

可结合课堂所学知识，为所在学院设计一个公众号标志。注意要结合学院内各个专业特色，体现学院特色。

任务3 店铺装修

任务目标

- 知识目标：掌握微商城店铺界面组成元素和店铺装修设计流程。
- 能力目标：能根据店铺自身特点进行店铺装修。
- 素质目标：提升自主学习和解决问题的能力。

案例引入

随着移动端设备逐渐普及，在移动端开设电子商务店铺已经不是什么新鲜事了。搭建并装修一个属于自己风格的移动端微商城，不但可以方便浏览者随时随地进行购物，还可以为商家增加收益。花西子通过店铺的整体装修提升，在短时间内获得了平台的大量流量支持，同时店铺点击率和购买率也有所提高，其店铺装修效果如图 5-13 所示。

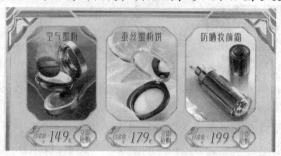

图 5-13　花西子店铺装修效果

一、微商城店铺的组成元素

微商城店铺界面中的主要组成元素有图片、文字及超级链接等，其中图片和文字是用来表达手机网上店铺的商品资料内容，超级链接使页面与页面之间相互连接，负责整个网店的串联工作。

1. 微商城店铺中的图片

图片是微商城店铺中的重要组成元素，主要起到宣传店铺、吸引消费者以及展示店铺中商品效果等作用，宣传部分可分为店标、店招等，吸引消费者部分可分为单列图像、双列图像、焦点图像、新客与老客图像、活动头图像、多图片图像、左文右图等，如图 5-14 所示。

图 5-14　微商城店铺中的图片

2. 微商城店铺中的文字

文字作为移动端店铺中的另一个重要组成元素，主要用来对商品图片起到辅助说明、担任店铺公告或者参与图片进行主题美化等作用。

3. 微商城店铺中的链接

在移动端店铺的首页中，浏览者最先看到画面，接着利用首页中的超级链接继续浏览其他页面，其他页面则是在首页基础上出现的自定义页面，自定义页面之间也是存在链接交互的。因此，设计者通常会对首页美化及网店主题下功夫，以便给消费者良好的第一印象。

二、微商城店铺装修设计流程

微商城店铺装修设计流程是指从设定主题、确定整体风格、建立网站架构、设计店铺页面组件，一直到最后的店铺维护、更新等一系列步骤。微商城店铺装修设计的主要流程架构及其内容如图 5-15 所示。

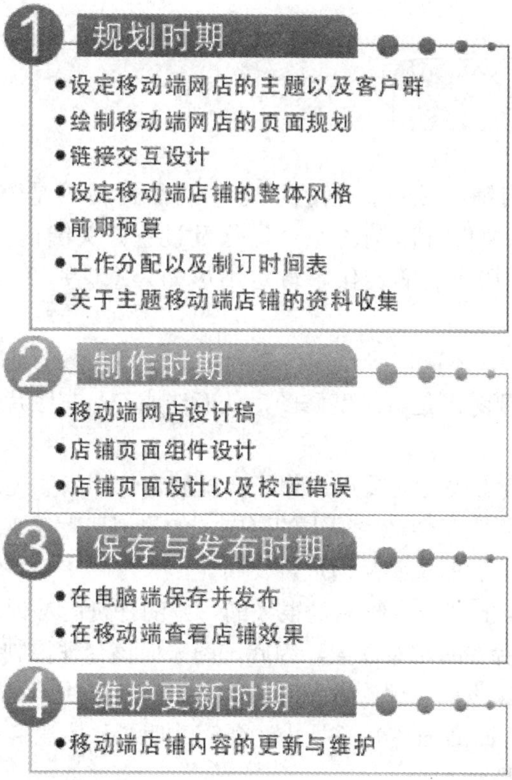

图 5-15 微商城店铺装修设计流程

1. 规划时期

规划时期是移动端店铺在搭建之前的工作，不论是企业或个人手机网上店铺，都少不了这个时期。其实对于手机网上店铺设计而言，必须经过事先的详细规划及讨论，这样才能凭借团队合作的力量，将用于移动端的手机网上店铺成果呈现出来。

2. 制作时期

制作时期是手机网上店铺实际设计与制作的过程，其中最重要的是整合及校正错误，要考虑如何让客户满意整个手机网上店铺作品，如何呈现整个手机网上店铺中页面的功能，如何掌握微页面之间的链接。

3. 保存与发布时期

保存与发布时期只是将整个手机网上店铺内容在微商城装修页面中进行保存并发布，再通过手机扫描二维码，就可以将手机网上店铺的效果展示在手机中，或在手机中输入 URL(Uniform Resource Locator)地址打开手机网上店铺。

4. 维护更新时期

定期对手机网上店铺进行内容维护及数据更新，是维持手机网上店铺竞争力和宣传店铺的主要方法。定期或是在特定节日时，改变手机网上店铺的风格样式，这样可以维系手机网上店铺浏览者，使其具有一定的新鲜感。而数据更新需要随时关注，避免商品在市面上已流通了一段时间，但手机网上店铺的数据却还是旧数据。

实训内容

作为消费者进入店铺必须要浏览的地方，商品详情页是整个店铺的亮点和聚焦点。有很多商家认为只要做好店铺的网页优化及设置好关键词就大可放心，但如果对商品详情页关注不够，那商品的转化率肯定不尽如人意。那么该如何优化商品的详情页呢？

(1) 商品图片作为最基本的展示点，也是商家最容易大意的地方，商家在做到商品图片清晰美观的同时，也要考虑是否过度修图，从而造成产品与图片差异过大，这样容易在后期产生纠纷。

(2) 商品价格是消费者关注的重点，除了合理的定价，商家还应该在价格旁边标注是否免运费，这对最后是否成交会产生很大的影响，如果消费者在支付时被提醒需要另行支付运费，则容易引起消费者的反感从而放弃支付。

(3) 评论对正在浏览的消费者影响是很大的，好的评价能够促使消费者即刻下单，差评过多也会直接影响消费者的购买欲望。因此，商家应该合理控制店铺商品的差评率，对于有些过激的评论，商家应该与评论者及时协商，以避免产生不必要的影响。

(4) 商家还应该注意商品描述。商品描述要简洁明了，突出商品的优势特点和功能，如商品的材质、性能和型号。

商品详情页面作为店铺详情页的一部分，已经越来越受到商家的重视，无论是在提高商品转化率，还是提升店铺浏览量上，详情页面都能起到很大的推动作用。

在手机淘宝 App 找 5 个女装店铺，观察并分析它们的商品详情页。在此基础上，试完成一个微店女装店铺的商品详情页装修。

350 网店装修服务平台是一家为中小商家提供各种开店便捷服务的平台，350 装修模板版本和价格如表 5-1 所示。

表 5-1 350 装修模板版本/价格

模板类型	模板版本	使用周期	价格	旗舰版	价格
电脑店铺模板	普通版	永久	30元	电脑（全集）+手机（全集）+海报系统+更多工具	120元
电脑店铺模板	全集版	永久	90元	电脑（全集）+手机（全集）+海报系统+更多工具	120元
手机端模板	普通版	永久	30元	电脑（全集）+手机（全集）+海报系统+更多工具	120元
手机端模板	全集版	永久	60元	电脑（全集）+手机（全集）+海报系统+更多工具	120元
海报模板系统	旗舰版可用			电脑（全集）+手机（全集）+海报系统+更多工具	120元
更多工具(主图视频)	旗舰版可用			电脑（全集）+手机（全集）+海报系统+更多工具	120元
详情页模板	普通版	永久	30元		
详情页模板	全集版	永久	90元		
推荐版本组合	旗舰版+详情页（全集版）				90元+120元

当我们在淘宝店铺付款购买后，会收到 350 装修平台提供的用户名和密码。登录 350 装修服务平台官网 www.350.net，输入用户名和密码，进入后台界面。后台有四个模块：个人中心、店铺模板、手机模板、海报模板，点击手机模板，选择适合自己风格的模板并应用模板，下载软件实现模板的一键安装。

同学们可结合课堂所学知识装修店铺，注意页面布置、图文搭配和色彩使用。

任务4 海报设计

- 知识目标：掌握微店海报设计的基本要素。
- 能力目标：能够根据店铺风格和产品特点设计海报。
- 素质目标：能够根据店铺活动需要设计各类营销海报。

海报是移动互联网时代非常重要的营销利器，尤其是当裂变营销成为主流方法之后。

凭一张海报获取十万级以上用户成了每个运营人的梦想，那么什么样的海报能带来高传播效果和高转化效益呢？

经过研究发现：文案决定是否吸引用户，并影响客户的轻度决策，设计要素则影响用户购买或参与的最终决定。因此，只要把握好文案和设计要素这两个方面，就可以让海报刷屏并带来可观数量的用户。那么，海报文案有哪些要素？又有哪些设计上的要素需要注意呢？

花西子在年货节期间通过海报广告投放获得了许多站内与站外的流量，为店铺年货节大促提供了有力的支撑，如图 5-16 所示。

图 5-16　花西子海报

一、海报设计的六大要素

1. 主题

主题就是海报的中心思想和主要内容，目的是让消费者一眼就能知道海报要表达的核心内容。主题一般放在整个海报页面的第一视觉中心点，而且主题文字的提炼要简洁、高效、直接。

2. 风格

风格是指页面传递给人的感觉，如古典、可爱、小清新或简约时尚。

3. 构图

在海报设计过程中版式的平衡感极为重要，同时还要处理好不同物体之间的对比关系，如文字字体的大小对比、粗细对比，模特的远近对比等，好比画素描静物时要注意近大远小、近实远虚、近高远低。

4. 配色

(1) 同类色。相同色相、不同明度和纯度的色彩调和，使之产生秩序的渐进，在明度、纯度的变化上，弥补同种色相的单调感。例如，采用蓝色调和，可给人清爽、洁净的感觉。

(2) 邻近色。在色相环中，色相越靠近越易调和。例如，采用色相环中相近的红、黄进行调和，画面会给人温暖的感觉。

(3) 对比色。例如，黄色与蓝色为对比色，画面辅以中间色，如红色和紫色，形成对比色调和。

(4) 渐变色。渐变色实际上是一种调和方法的运用，是颜色按照层次逐渐变化的现象。色彩渐变就像是两种颜色简单混色，可以有规律地产生多种颜色。暗色和亮色之间的渐变色会产生远近感和三维的视觉效果。

5. 背景

海报设计中的背景指的是衬托主体事物如产品、文案、促销信息等的景象。背景起衬托或烘托作用，所以海报作品中背景的运用不能喧宾夺主。不过，好的背景有时可以强化广告感染力，提高海报的注意度、理解度、记忆度，使营销海报更加完整，与其他要素相映生辉，共同揭示和深化海报主题。背景既可以是文字背景，又可以是声音背景，均起映衬或反衬作用，使海报主题更加鲜明。

6. 商品色彩

商品色彩是商品画面占比、清晰度、商品与其他元素色彩的融合与对比。

二、海报设计的基本原则

1. 统一性原则

设计海报就像设计其他任何图像艺术一样，很容易造成混乱：摄影师所拍的东西未能令人满意；文案人员不到最后一秒都不能定稿；市场营销人员每两分钟就改变一次主意。在设计过程中，设计师必须清楚整个流程并逐一落实。海报设计必须从一开始就要保持一致，包括大标题、资料的选用、图片及标志。如果没有统一原则，海报会变得混乱不堪且难以卒读。所有的设计元素必须合理组合成一个有机的整体。

2. 关联性原则

要让作品具有一致性，应采用关联性原则，也可以称作分组。关联性是基于物以类聚的自然原则。如果在一个页面里看到各个组成部分被井井有条地放在一起，人们会自然将各部分归类，会认为它们就是一组的，并不理会实际上这些不同部分是否真的相似或关联。如果海报中的各个物品都非常相似，将它们组成一组的构图会令海报更具吸引力，而其他的元素则会被观众当做是次要的。

3. 重复性原则

使作品具有一致性的方法还有对形状、颜色或某些数值进行重复。当看到一个设计元素在一个平面的不同部分里被反复应用时，人们的眼睛自然就会跟随着它们，有时就算它们并不是放在一起，但人们的视觉仍会将它们视作是一个整体，人们会潜意识地在它们之间画上连线。应用重复最简单的方法就是在海报的背景中创造一个图案然后重复应用。在背景中这些重复的图案会产生一种很有趣的视觉及构图效果，然后将背景与前景的元素连接起来。

4. 延续性原则

延续通常与重复一起应用。当一个设计师应用延续的方式进行设计时，作品中的对象组成经延续而引导观众去延伸视觉。这种方法一般采用线性效果来实现。当人们看到一条线时，人们的眼睛本能地就会跟随着它，想看看这条线会去哪里，可以使海报中的图片引导观众到所要传达的信息或品牌上。

5. 协调性原则

无论是协调的构图或不协调的构图，都能够使海报的版面具有强烈的视觉效果。因为打破均衡会产生一种紧张的氛围，而协调对于设计来说特别重要。对于设计者来说，在构图中始终要想着垂直中轴线并考虑其对称性，因为海报总是作为单独的个体出现，在视觉上它没有其他的支撑点，必须保证海报本身构图的平衡。

三、海报文案的类型

观察朋友圈和微信群里的海报，虽然在文字表达上会有所不同，但它们都有一定的规律。这是因为文案的背后是对人心理的洞察，只要掌握了对应的心理，在文字上稍加训练，就可以写出击中人心的文案。能让用户看到海报就愿意行动的心理主要有四种，分别对应着四个类型的文案，即痛点型、权威型、获得型和速成型文案。

1. 痛点型文案

痛点型文案就是用一些恐惧性描述来指出用户的问题，这个问题就是用户痛点。这是因为痛点是用户的深层且真实的需求，有需求就意味着缺乏感，而这种感觉，有时候用户是感觉不到的，需要指出来，并且能让其感受到，而恐惧性描述就可以让用户产生压力，即恐惧心理，从而愿意行动。当你指出了痛点并让用户感受到之后是不是就可以了？显然不行，还需要给出一个解决方案，这会给用户一种安慰，进一步的就是信任、行动，甚至是付费。

痛点型文案的公式是：恐惧性的问题描述＋解决方案。比如，有书的"你有多久没读完一本书了"，一个积极上进的人看到会心里"咯噔"一下，因为身边人都在学习都在进步都在读书，就他因为某些原因在原地踏步，自然就会焦虑、恐惧，当他看到"立即加入共读计划"，可能就会毫不犹豫扫码。

对于痛点型文案，有三点需要注意：一是场景化，也就是能让用户瞬间感受到发生在当前的问题；二是恐惧感不能太强或太弱，要适中；三是解决方案要靠谱，尽量和痛点直接相关。如果这三点把握不好，这样的文案就会让用户远离而不再有所动作，这就得不偿失了，毕竟让用户行动才是文案的目的。

2. 权威型文案

权威型文案就是利用知名的品牌、企业、组织，或有名的大咖来吸引用户，促使用户降低决策成本，增加信任感。增加信任后引出要分享的内容，这个内容可以是痛点，也可以是热点，甚至一般性的东西都可能让用户愿意行动。

权威型文案的公式是：知名品牌或吸睛头衔＋分享内容。比如，十点读书里面的课程就有很多使用权威型文案模式，像"哈佛学霸的超实用学习法""北大妈妈给孩子的诗词课"，就是利用哈佛、北大等名校作为权威，家长看到这些名校，内心自然会减少一些疑虑，加上"学习法""诗词课"在某种程度上确实是孩子的需求，重视教育的家长很容易快速决策。

如果你的产品包含权威属性，就可以利用该文案模式，不过前提是权威属性要真实而非伪造，课程有价值而非水货，不然很容易就失去口碑。

3. 获得型文案

获得型文案是目前应用较多的文案模式，因为它利用的是人的获得心理，而人的获得感表现在身体、心理和财富三个方面。像增高、减肥等就是身体上的获得感，而心情放松、摆脱焦虑等就是心理获得，至于财富获得就和钱相关了，很多理财广告文案就是从财富获得这一点着手写出的。那么，只知道获得心理还远远不够，还需要能产生获得心理的产品，因为只有产品能告诉用户可以获得什么。

获得型文案公式是：产品名＋身体获得或心理获得或财富获得。在运用这个公式时，财富获得一定是首选，但不能总使用，因为很容易让用户觉得浮夸；而心理获得多数时候可以避免这一点，如房子扩容、把握关系主动权等，利用的就是心理获得，这很容易让用户的心理和精神得到安慰和满足。

4. 速成型文案

速成型文案就是利用人们的求快心理，让用户知道使用产品后可以快速见效，降低其决策成本，可以迅速行动或购买。为什么用户会有求快心理？这是因为人的天性之一是懒，懒意味着有效率方面的需求，毕竟时间宝贵，能保证速成的产品必然会被优先选择。

速成是可以花费少量的时间和精力达到想要的效果，所以速成型文案公式是：耗费时间少或学习任务少＋呈现效果。

 **实训内容**

分小组展开对话，每组按照痛点型、权威型、获得型、速成型文案类型各找 1 张海报，并分析其各自特点(见表 5-2)。

表 5-2　4 类海报特点比较

特 点	类　型			
	痛点型	权威型	获得型	速成型
所属行业				
简介				
优点				
缺点				

结合海报设计要素与原则，每组设计 4 张海报。

实战任务

一、秀米编辑器使用教程

(1) 进入秀米编辑器，可以选择创建图文(图文是常见的公众号文章)或者 H5(H5 类似于海报，以图形为主)。

(2) 一般比较常用的是图文编辑，点击创建后就会进入编辑页面了。

(3) 上半部分可以输入文章标题、摘要，选择文章封面图片。

(4) 下方文本框中可以输入正文内容。

(5) 点击文本，可以修改文本字体、字号、颜色、对齐、加粗、斜体、下画线、删除线，格式刷功能可以同步文本格式。

(6) 点击左上角"图文模板"，里面有大量的模板可以选择，包括标题、卡牌、图片、布局、SVG(Scalable Vector Graphics，可缩放矢量图形)等。

(7) 布局中有各种不同的表格，还有自由滑动和自由布局模式。

(8) SVG 中有各种趣味互动小工具，包括文字弹幕、点击换图、滑动、图片轮播等模板。

(9) 组件中可以加入分割线、贴纸、公众号组件、二维码、视频、表单等内容。

(10) 点击想要的模板就可以加入正文部分。

(11) 选择其中的文字就可以更改正文内容。

(12) 编辑完成后点击上方的工具栏，可预览、保存或直接将图文导出到公众号之中。

二、促销海报

试结合所学知识和相应推文，以"双十一"大促为主题，利用秀米编辑器设计一张菊花茶的促销海报，并投给学院公众号。

知识拓展

茶叶的功效

茶有健身、治疾之药物疗效，又富欣赏情趣，可陶冶情操。品茶、待客是中国人高雅的娱乐和社交活动，坐茶馆、开茶话会则是中国人社会性的群体茶艺活动。

茶叶冲以煮沸的清水，顺乎自然，清饮雅尝，重在意境，这是中式品茶的特点。同样质量的茶叶，如果用水不同、茶具不同或冲泡技术不一，

茶叶的功效

则泡出的茶汤会有不同的效果。中国自古以来就十分讲究茶的冲泡，沉淀了丰富的经验。泡好茶，要了解各类茶叶的特点，掌握科学的冲泡技术，使茶叶的固有品质能充分地表现出来。

项目六　地　推　活　动

学习提示

地推是市场营销的重要方法之一，尤其是服务类 O2O(Online To Offline) 的平台或者产品，地推是必不可少的推广环节。通过公司线上对团队和产品规范化的运作，地推成了公司拉新促活、形成转化的有效途径；同时，对于企业线下迅速建立知名度和美誉度，各区域的地推活动也起到了很大的促进作用。

地推活动

学习重点

理解地推的作用，学会策划地推活动。

学习难点

实施地推方案，总结地推活动。

任务 1　地推活动策划

任务目标

- 知识目标：掌握地推的概念；掌握地推的营销价值。
- 能力目标：掌握并实施简单的地推活动。
- 素质目标：通过校园地推活动，提高学生的动手实践能力。

案例引入

有一家成立了 3 年的艺术培训机构，主要面向初高中学生进行钢琴和吉他等乐器培训。某次其地推的活动地点是学校门口。虽然只有两个老师和三个销售员，却一个月内加了 900 多个家长的微信，暑期的招生计划也都完成了。

他们是怎么做到的呢？这主要分为 5 个步骤。

第一，激励销售员。

地推是一个非常辛苦的工作，很多销售员会因为太累，在一次次被拒中消磨了斗志。所以，需要设置 KPI 绩效考核制度。比如，最佳销售员每天要加 10 个以上家长的微信，合格销售员要加 10 个，而最低标准是加 2 个，这样销售员才可以下班。在此基础上，还会对销售员在一周、一个月内的数据汇总后进行奖励。

第二，筛选地推区域。

由于机构的艺术培训费用较高，因此，机构在其附近 3000 米范围内筛选了 3 所学校，其中包括两所高端的私立学校和一所注重学生全面发展的公立学校。

第三，模拟练习。

在地推开始前，机构人员分角色来模拟练习地推的场景。

第四，正式推广。

推广活动的内容很简单，就是让家长带孩子来机构体验钢琴、吉他等乐器免费教学课程。同时，机构人员和家长、孩子要进行必要的交流。

第五，取得联系。

对于有兴趣的家长，机构人员及时添加其微信，并把他们拉进微信群做进一步的互动和邀约。

知识准备

在实际的营销中，商家往往重视的是线上给线下引流，却忽略了线下引流线上成交，这是因为大部分商家的思维模式还停留在传统的广告思维模式，而没有进入移动互联网的体验思维模式。随着移动互联网的发展，客户体验变得越来越重要，未来很多门店都会变成体验中心，而成交往往在线上。

一、地推的概念

地推就是利用互联网规律做事的传统销售。地推并不是 O2O 之后才有的，地推是传统行业和互联网行业相互融合后产生的。

二、O2O 战略

O2O 前 2～3 年成长期的重点在于市场份额和产品体验，谁抢占了市场、拥有了最大量的用户数和活跃用户数，以及用户是否会持续购买服务，是这个阶段的战略核心。因为 O2O 本质就是线上支付线下消费，所以大部分用户在线下。O2O 项目必须有线下的服务人员，他们的职责是：把产品销售给用户，让用户认识并接受产品；引导用户完成 3 次以上的体验；运营用户，让用户乐于分享给其他用户；做产品反馈，把用户的体验反馈给运营和产品决策者；完善标准化路径，总结规模化发展用户的规律，并以"月"甚至"周"为周期来更新工作方法。

三、O2O 地推解决了什么问题

一个 O2O 项目在解决了资金链问题的前提下，最需要重视的 4 个要素是高执行力的销售团队、完善的 CRM(Customer Relationship Management，客户关系管理)系统、高效的供应链和以用户体验为核心的产品思路。这 4 个要素对应地推要完成的工作，分别是扩大用户量、获取种子用户、优化供应链流程和迅速得到产品反馈。

第一，抓"绝对用户数量"是地推的首要工作。

目前做 O2O 就是做竞争市场，谁突出重围抢占更多的市场份额，谁的用户覆盖量越大、越稳、越扎实，就越容易得到下一轮投资的门票。

第二，地推获取了种子用户，用户的 CRM 管理解决进一步自然上量的问题。

互联网运营成功的两个核心因素是：低成本获取用户与快速复制用户。先用地推找到一批种子用户，然后在种子用户身上找到标准化的、可复制的方法。复制问题解决后，再用 CRM 管理解决用户自然上量的问题。

第三，地推间接推动了供应链流程优化。

供应链管理本身就是以用户为中心的"拉式"管理，其出发点和落脚点都是为用户创造更多的价值，都是以市场需求为原动力。地推的作用之一是了解用户的真正需求，从而帮助企业不断优化供应链流程，甚至重构流程。

第四，地推在产品思路上担负着"灵感导火索"的角色。

地推直接引导用户进行体验，能够快速获得产品反馈。但是，地推带来的产品思路是碎片化的、阶段性的，只适合作决策参考，不适合作决策主导。

实训内容

西双版纳昌泰茶行有限责任公司的"易昌号"牌系列茶以"人无我有，人有我精"的经营理念，根据普洱茶的定位和消费群体状况，采取各种策略和方法，满足消费者的需求，从而占据目标市场。

一、地推方案

1. 营销思路

首先对推广业务员进行茶叶及营销知识方面的培训。在营销计划中，将营销思路分为两个部分：一方面以中高档产品为主打方向，强化普洱茶的品牌意识，通过品牌战略吸引消费者；另一方面针对大众档次以低档茶为主，面向广大普通消费者，通过非品牌战略部门批发渠道或直接进入低档茶铺、茶馆。

2. 区域划分

根据普洱茶的产品定位和消费群体(场所)，将业务员分成若干个业务小组，从各个领域去开拓市场。

按消费行业及场所分类或按区域划分组建以下业务组：

(1) 中高档茶楼业务组。

(2) 大中型商场超市业务组。

(3) 企事业单位、会议(集团消费)业务组。

(4) 宾馆、酒店、高档娱乐场所业务组。

(5) 有实力的干杂店、批发零售商业务组。

(6) 省市茶叶公司及批发商、大众茶铺业务组。

以上六大业务组力争在 3 个月时间内全面拓展业务，迅速占领市场，同时配合以各种促销活动和广告宣传。

二、推广策划

1. 宣传普洱茶文化

普洱茶从最古老的传统手工制作工艺到现代先进的科学制茶工艺，从古代"八色贡茶""金瓜茶""金瓜贡茶"到现在的"南糯白毫""女儿茶"，经过了漫长的历史岁月。宣传茶文化有助于找到"种子"用户。

2. 注重品牌包装

茶叶包装上无论是文字广告还是图画广告，都应言简意赅、重点突出，文字、图画不宜过多。文字的多少和图画的排列应视包装物外表面的面积大小和形状特征而定，同时还要注意文字与图画的协调性。一般来说，茶叶商品包装上的文字广告内容有以下几个主要方面：

(1) 茶叶商标与名称。

(2) 茶叶产地。

(3) 茶叶的品质特征。

(4) 茶叶的净重。

有的包装表面还附有简明扼要的茶叶保健说明。

3. 加强品牌推广

在具体的茶叶推广实施过程中，要讲究实效，力争在市场的目标消费群体中将知名度提高到 100%，美誉度和信任度达到 90%，年销售量翻一番。

在老师的指导下，尝试组建地推团队，为龙井茶产品策划地推活动。

实战任务

发传单来做地推在互联网时代依然是有效的，但是理念必须正确，操作得当才会有好的效果。

一、做一份好的传单

1. 关于形式

一份好的传单应该用图片还是文字来表达信息呢？很多时候用图片很难表现出宣传内容的具体信息，而只用文字又会显得非常枯燥，所以需要把图片和文字用一个适当的方式结合在一起。

2. 关于内容

最好不要大篇幅地去描述活动流程和奖品介绍之类的信息，因为较多的文字会让用户失去阅读兴趣，只要把活动的最大亮点用最简洁的语言表达出来就可以了。

3. 激发用户的感情共鸣

比如国庆的时候策划旅游活动，中秋的时候策划送月饼活动……合时宜的活动会更加容易获得用户的青睐。

4. 给用户明确的行为引导

很多传单在内容和形式上花了大量的工夫，但是却恰恰忽略了行为引导这个最重要的事情。一个好的行为引导应该是明确的(不要让用户感到莫名其妙)、简单的(不要有复杂难懂的步骤)、低成本的(不要耗费用户的时间或金钱)。

二、发放传单

1. 地推人员的选择

通过活动面向的用户来选择地推人员。比如面向学生的就选择班长、学生会和社团干部等进行地推，他们整体素质较高，责任心比较强，而且对本校的环境非常熟悉，能够直接进入宿舍发放传单，能够有效利用自身的社交关系进行宣传。

2. 地推执行

在地推执行的时候，需要制订相应的规则，根据面向用户的作息时间规定相应人员在相应时间负责相应地区的地推执行工作，而不能让地推人员自由发挥。

3. 提高地推人员的积极性

实行绩效奖励机制，根据参加活动的人数对地推人员进行奖励。

学会做一份好的传单，试着以小组为单位，开展一次学院公众号的地推活动。

任务2　地推方案撰写原则

任务目标

- 知识目标：掌握地推方案撰写的原则。
- 能力目标：能撰写地推方案。
- 素质目标：提升文案写作的能力。

案例引入

App 的推广人员在准备前期一定要策划好整个地推流程以及关键时间点，根据 App 特有属性做一些前期调研。例如，分析不同商圈(场景选择)、勘察交通要道(场地位置选择)、选择人流时间(活动时间安排)、考虑活动中的下载环境、地推对象以及话术等，都需要进行调研。根据调研结果制订地推方案后，就可以执行了。

地推决策者需要掌握 7R 原则。所谓 7R 就是在恰当的时间和恰当的地点，以恰当的价格，提供恰当数量、恰当质量的恰当礼品给恰当的用户(客户)。这其中有 4 点要特别注意。

一、恰当的时间

做地推时，需要根据不同的产品类目选择合适的推广时间。比如，家居类做地推应该选择中午、晚高峰以及周末，餐饮类当然是选择吃饭的时间才合适。

二、恰当的地点

做地推时，地推团队一定要找到目标人群聚集的地方。目标在哪里，地推人员就应该去哪里，甚至还得清楚每个地方或物业管理下的社区特点。

三、恰当的礼品

做地推时，所选的礼品要跟推广的产品形成强烈关联，在相同的场景下才会更容易引起用户注意。比如，做游戏地推时送鼠标垫会更受欢迎，超市送环保袋会更适合。

四、恰当的用户

做地推时，对目标用户要有感知，了解他们的习惯，知道他们的潜在需求才能百战百胜。比如，地推的对象是烧烤店老板，那地推人员就应该去了解烧烤。烧烤的旺季和淡季分别是什么时候，哪些高利润的菜品更受欢迎，是给客户打折好还是送饮料好，等等。找准了用户的差异性，才能投其所好。

菊花是我国十大名花之一，常见的菊花有河北的祁菊、湖北福田河的福白菊、浙江桐乡的杭白菊、黄山脚下的黄山贡菊(徽州贡菊)、安徽亳州的亳菊、安徽滁州的滁菊、四川中江的川菊、浙江德清的德菊、河南焦作和济源的怀菊，以及山东嘉祥的嘉菊等。

根据所学知识，每人撰写一个杭白菊的地推方案。

试结合课堂所学知识，以小组为单位，设计一个抖音账号的地推方案。

(1) 拍摄以茶文化为主题的产品视频，拟制茶文化产品为主题的抖音账号。

(2) 进行 PPT 汇报。

(3) 对该抖音账号策划地推方案，制订地推活动。

任务3　地推实施方案撰写

任务目标

- 知识目标：掌握地推实施方案的主要内容。
- 能力目标：能实施一个地推活动。
- 素质目标：提升营销话术和语言表达能力。

案例引入

以下是美吉姆少儿艺术培训机构的招生宣传地推流程。第一步：通过微信小程序"报名表"创建一个招生活动。第二步：设计宣传海报。第三步：根据海报生成 200 张带有不同二维码编号的海报(二维码编号不同，用于区分各个超市老板，自动分配佣金)。第四步：把生成的海报图片通过邮件发给地推。第五步：地推收到图片后，在本地找广告公司打印。第六步：安排人员贴海报，在附近所有小区的超市、水果店内都贴上招生海报。第七步：一旦有学员报名付费，就自动通过系统给超市老板介绍费。图 6-1 所示为其地推活动海报。

图 6-1　地推活动海报

知识准备

地推活动如何开展，需要精心设计和准备。下面以某培训机构的地推实施准备为例。

一、物料准备

1. 传单

发传单的目的不是成单，而是扩大机构影响力以及咨询流量。所以，设计传单的主要任务就是"吸睛"。人们在传单上的注意力平均只有 5～10 s，传单的信息量与人们的阅读欲望是成反比的。因此，一份传单主打一个家长痛点就可以了。

2. 展架

展架的目的不是让用户了解多少信息，而是让用户目光停留的时间变长，让用户在最短的时间内了解核心信息。而唯一能让用户没有抵抗力、看第一眼就想继续看下去的是标题。一般来说，标题文案要满足吸引性信息和内容性信息这两个因素，这两者之间要有必要的联系，要让看的人由吸引性的信息联想到内容性的信息。

3. 赠品

赠品的直接目的是获取电话号码，隐含目的是扩大机构品牌影响力，本质目的是成单。赠品不是非得选择"高大上"，看起来实用美观、吸引客户就行。被喜欢或是被需要是赠品能够吸引客户的前提，能流通或应用场景多的赠品能为市场行为持续加码。要打破家长和学生"赠品只有教材和文具"的心理预期，制造了惊喜感，就有话题性。所以，赠品的选择应该是"需要+喜欢+打破预期"。

二、人员培训

1. 人员选择

从学校招聘吃苦耐劳、做事用心的学生，而且发单员面对的是大众，形象也要被大众认可。

2. 人员培训

培训机构通常会招聘一批兼职人员，通知他们集合的时间和地点，派发任务后大家分头去工作，这是非常不可取的。因为临时人员纯粹为经济收益而工作，很容易消极怠工和浪费资源，同时发单员的工作岗位有可能很分散，所以在工作前应进行一次培训。培训内容通常是宣讲活动目的、规范和产品，并准备话术。话术是这个培训的重点之一，潜在用户随口一问的问题很可能成为成交的突破口。通过产品介绍和话术培训，让发单员能够对客户最为关心的几个话题进行有限度的交流。明确人员分工、工作时间、评价指标等，让地推人员清楚应该干什么和怎么干。

三、地推细节

1. 时机的选择

上午送孩子上学的家长数量，理论上和下午接孩子的家长数量一样多，但是家长在上午送了孩子就得赶去上班，很少有家长花心思看单页，或把单页带到办公室里去研读。下午接孩子的家长一般会早到，这时就是发单页的最好时机。开学第一天发单页，家长和孩子不仅忙，而且很可能已经有计划了，即使想学，也已定了去别处上；假期返校时一般较轻松，而且对新学期还没有具体计划，这时也是发单页的好时机。

2. 五句话原理

通过市场调研，发单员应该和用户聊几句，通常说五句话就差不多了。其原因有二：一是要在一定时间内尽量接触更多的用户，不要在一个用户身上花太多时间；二是言多必失，发单员一般并非这个领域的专家，说多了难免会失误。比如在学校门口发单，简短交流后争取了解家长和孩子的兴趣，让孩子来培训机构参加免费试听课，这就是发传单的目的。

3. 人员的站位

如果发单员站的地方已经有很多其他机构的发单员了，势必造成一群人不停地把单页塞到用户手中，一群人不停地试图和用户说话，造成用户烦不胜烦。这时要注意自己站的位置，一般来说用户会把一张张的单页顺次放在手上，因此他唯一能一眼看到的就是最后一张单页，所以发单员站的位置应该是稍离开其他发单员，按人流走向站在最后面。这样也有机会和用户多说几句，引起用户注意。

4. 信息反馈和总结

在一天或几天的发单活动结束后，一定要把发单员和现场管理者集合起来沟通交流。通过与地推人员和现场管理人员的沟通，可以了解当前地推活动中存在的问题、用户对产品的接受程度，以及发了多少物料、获得了什么效果等。

5. 地推用语

为什么课程产品很吸引人，传单文案优秀，用户也很感兴趣，但是最终却没有报班呢？这往往是因为很多机构的地推人员仅仅解决了家长的兴趣问题(这个活动有意思)，却没有帮助家长找到报班的理由。报班是因为家长觉得需要学习该课程，产生报班行为是因为家长认为报班理由充分。作为培训机构，就是要给家长一个合理的解释。

6. 用语展示

其实，不管销售什么课程产品，都必须向对方传递课程产品的核心价值及独特性。那么，如何打造课程产品的独特性呢？具体有以下3点：

一是产品与服务独一无二，卖点足够独特，用户更容易注意到，并且聚焦。

二是卖点必须和用户想要的结果密切相关，如果设定卖点时都是围绕产品，而跟用户内心深处想要的结果不相关，那是无法产生转化的。

三是要简单明了地表达独特性。例如，向家长展示教学成果，可以是微信群表扬截图、学生喜报等。有了理由、有了卖点，接下来就是用语技巧，要给家长营造一种稀缺性和紧迫感，但要让说法具备可信度。这是促使人们快速决定、快速行动的必要条件。

四、评估活动效果

作为地推活动开展的重要一环，地推数据的监测统计是必不可少的，其作用主要有以下几点：

(1) 在资源分配上，有助于挖掘优质流量渠道、高效的地推员、资源丰富的地区。

(2) 在人员管理上，有助于评估人员调度和推广效率，提供分成结算依据。

(3) 在活动效果上，有助于及时调整地推策略、降本提效，并以数据驱动来总结经验。

微商城地推方案

为加强移动商务专业学生的职业能力，根据移动商务行业特性，在经过考察兄弟院校经验的基础上，移动商务专业学生联系上海"点点客"合作企业，开展微商城元旦活动。项目运行方案如下：

1. 活动主题

"微商城"元旦活动。

2. 活动目的

配合行业特点，参与移动商务项目活动，使学生获得行业体验，锻炼提升活动策划、市场推广等各类职业能力。

3. 活动时间

20××年 12 月 22 日中午 11 点至 12 点。

4. 参与班级人数

移动商务专业每个年级各 4 名学生，共 12 人。

5. 活动合作企业

上海点点客信息技术股份有限公司。

6. 活动安排

(1) 活动地点：食堂一楼。

(2) 制作含微信二维码的海报，如"我的小店"分销二维码、优惠券二维码、社群二维码。

(3) 1 组 100 个苹果，刷二维码入群后免费赠送给教师。

(4) 2 组 100 个苹果，刷二维码入群后按 5 元一个销售给学生。

(5) 苹果由点点客提供，销售收入归点点客，剩余苹果归点点客，学生负责建群和维护群信息，建立目标客户社团。

实战任务

(1) 结合课堂所学知识，以小组为单位改进上个任务中的地推方案并实施。

(2) 填写表 6-1 所示的地面推广活动方案和实际评估表。

表 6-1　地面推广活动方案和实际评估表

办事处		申请人		申请时间	
活动情况	合作方				
	活动主题				
	活动地点				
	活动时间			参与形式	
	预　计			实　际	
费用情况	赞助费			赞助费	
	场地费			场地费	
	促销员人数			促销员人数	
	促销员费用			促销员费用	
	预计广告物料制作费用			实际广告物料制作费用及明细	
	物料申请数量	试饮		物料申请数量	试饮
		太阳伞			太阳伞
		帐篷			帐篷
		促销台			促销台
		其他			其他
效果	是否有现场售卖	是/否		产品售卖情况	
	预计售卖情况				
	其他			利润	
备注					
审批	办事处负责人			办事处负责人	
	区域总监审核			区域总监审核	
	大区总经理审核			大区总经理审核	
	总经理审批			总经理审批	
		制表人		制表时间	

备注：费用申请时同时提交此表，填写"预计费用"部分；核销时在此表基础上填写"实际费用"部分，活动照片以附件形式一同上交。

知识拓展

茶 的 选 购

选购茶叶要注意以下几个步骤。

步骤一：看外观

首先，看茶叶的外形。对于茶叶的外形，审评师的专业术语有显
毫、细嫩、紧秀、浑圆、挺秀等。

茶的选购

接着，看茶叶的松紧度。比较松散的茶叶，一定是揉捻不到位的
茶叶，其在加工的过程中存在许多不足，滋味也会较差。所以，我们要挑选几款茶当中条
形比较紧结的茶叶。

然后，我们再观察茶叶的匀整度。茶叶当中，没有粗枝大叶，均匀整齐，没有过多的
碎末，就可以算是比较好的茶叶了。

步骤二：闻茶香

茶叶的香气来自其内含的芳香物质。而茶叶的芳香物质是非常容易受到温度的影响
的。所以，我们可以用温度来刺激茶叶散发香气。

闻茶香的方法：首先取两个大小一样、款式一样的盖碗，在碗中同时注满刚刚烧开的
开水，加盖稍微浸泡一会，把盖碗烫热以后，倒干净碗里的开水。然后往两个烫热的盖碗
里面分别加入两款茶叶(投茶量要基本相同)，再盖上碗盖，拿起盖碗晃动几下，接着打开
碗盖，闻碗中茶叶的香气。在温度的作用下，茶叶的香气会释放出来，这就是茶叶最真实
的香气。

步骤三：品茶汤

品饮茶汤的方法可以结合观察茶汤的颜色来进行。汤色橙黄或者橙红明亮，杯口带有
金圈为好(以白瓷的工夫茶小杯来察看最明显)。

观察完茶汤颜色之后，就到了品饮茶汤的环节。品饮茶汤，最好连续泡 3~5 遍茶，
连续品饮茶汤的变化。

茶汤入口之后，普通消费者很难品鉴出茶汤的滑度，但是却能够感受到吞咽时茶汤是
否顺着喉咙滑入。能够感受到茶汤顺着喉咙深处滑入的茶汤，就一定是好茶。

喝完一杯茶汤，口腔内感觉舒服，还想继续接着喝下一杯的，肯定就是好茶。我们还
可以继续感受茶汤给我们带来的其他感觉，如香气、苦味或涩味。

往往在喝完一杯茶之后，口腔内会有一股香气，随着自主呼吸而传到鼻腔。能够留存
香气，从鼻腔呼出而令人感受到的，就是好茶。

茶汤的苦味和涩味会在舌头和口腔内被感受到。入口有微苦，能够很快化开而转化成
为甘、甜的感觉，则是好茶。入口有涩味，如涩感留在舌面和两腮，且久而不化的，则此
茶就不是好茶。

总而言之，通过一看、二闻、三品，一款茶叶的基本状况我们就能够了解得比较透彻
了。如果是老茶客，则可以进一步通过观察叶底等手段，进行详细的甄别。

项目七　站　内　营　销

 学习提示

"酒香不怕巷子深"这句话在以前可能有用，但是现在这句话就要换成"酒香也怕巷子深"了。产品虽好，还需用户知道而且愿意下单。营销环节就是利用人性的环节，对人性了解越深，营销就越容易。做电商同样要学会换位思考，学会利用平台上的各种规则服务客户。

站内营销

 学习重点

掌握拼团的优缺点、砍价的特点和推客的作用。

 学习难点

学习不同站内营销的设置和方法。

任务 1　拼　　团

 **任务目标**

· 知识目标：掌握拼团的概念和营销价值。

· 能力目标：能实施简单的拼团活动。

· 素质目标：通过校园拼团活动，训练学生发现问题、分析问题的能力，提高学生的动手实践能力。

 **案例引入**

学习拼多多拼团模式背后的战略逻辑。拼多多自 2015 年 9 月上线以来，在短短 3 年时间就突破了 3 亿用户、百万商家、1400 亿 GMV(Gross Merchandise Volume，成交总额)，日订单量超过京东、仅次于淘宝，跻身于国内电商平台"第三极"，而其占领制高点的关键所在就是社交拼团。因此在设计拼团功能时，也应当了解这种模式背后的战略逻辑。

一、高性价比

很多人在研究拼多多案例时，往往将其定位为拼团工具，盲目复制其拼团和低价模式，没有注意到拼多多深刻把握用户心理需求，通过"多实惠、多乐趣"来满足用户的物质与精神需求，这是拼多多再次进入快速增长阶段的重要武器。在引导用户购买消费方面，拼多多举办抽奖、砍价、分红包等一系列活动，促成交易，让用户产生一种"看见不买就会吃亏"的感觉。

二、精准连接

拼多多让产品具有超高性价比不在于拼单，而是它的供应链。在拼多多平台上因为有较高的订单量，商家可以在交通便利的地区自建或租用仓储中心，用单次运量可达几十吨的大卡车集中发往全国各地，有效降低物流成本，并减少商品损坏情况。这使得拼多多可以做到价格仅是某些大型商超的三分之一。

三、去中间化

传统的经销商体系由于层级过多，容易使商品传导机制失真，因过多环节导致层层加价以及信息不对称而出现的假冒伪劣商品，使得交易成本增长。为了获取大量用户，就连微信都是靠投入数亿资金借助春节才打破了微信红包用户规模增长的瓶颈。而拼多多采用了低价、拼单等一系列策略，促使用户进行口碑传播，以较低的成本快速积累了大量流量。想要获得海量追求高性价比的价格敏感型用户，必须运用新思维。而且，价格敏感型用户规模庞大，通过单品运营策略，可以获得较高的订单量，使上游供应商进一步降低成本，最大限度让利消费者。

拼多多的崛起从本质上说明商品流也是一种信息流，即便没有购物车、搜索框提供支持，商品也能够借助信息流连接用户，并被用户购买及使用。

知识准备

拼团是团购的一种方式，当参与拼团的人数达到平台要求时，就能以团购的价格购买商品，对消费者来说可以获得更大的议价空间，而商家往往也乐于通过让利获得更多用户。

团购系统一般有两种销售模式：一是商家通过网络发布信息，主动邀请消费者参加团购(营销手段)；二是由有意向的消费者自发组团，通过网络向商家提出团购(反向定制)，类似 C2B 模式。

一、拼团模式的应用场景以及优劣势

1. 拼团模式的应用场景

第一个是专做拼团模式的电商，例如拼多多，前期通过一些优质低价的拼团在外部社交网络中分享来积累大量客户，后期主要以特卖电商的形式在站内运营，注重订单量。第二个是普通电商平台，平台主要是为了拉新、打造爆款，适用于中小型电商公司。

2. 拼团的优劣势

对于平台来说,拼团有利于拉新、提升订单量并且利用用户的关系链进行产品宣传、扩大影响面,除此之外还能使通过社交关系拉来的用户迅速消除不信任,提高订单转化率。但是拼团也有不足之处:第一,客观来说让用户习惯性以拼团方式购物比较困难,毕竟操作成本较高;第二,对于商品品类来说,"社交+电商"的模式比较适用于需求量大、价格低的商品(如水果、日用品),其他商品并不适用于拼团;第三,从社交层面来说,有可能出现用户发起拼团但无好友参加的情况,这可能会导致用户拼团无人配合,对其社交关系维护产生不利影响。

二、电商系统的拼团管理

(一) 常见拼团类型

1. 新人团

新人团主要限定新用户(未下过单)参加,可以由老用户开团,这种类型的团购主要是为了拉新,在参团时要校验是否为新用户。

2. 普通团

普通团是最常见的拼团团购,如2人团、5人团等,任一用户都可以参加。

3. 超级团

超级团是需要较多的人参与才能成团,根据成团人数来制订阶梯价格,这种团的人数一般为50~200人。

注:一般在有效期内达到规定人数,就组团成功,人数不足将自动退款。

(二) 拼团业务流程

1. 拼团流程

(1) 通过好友分享或直接在商城中选择商品参与拼团,用户选择开团或参团的同时判断是否有库存,然后提交订单。

(2) 提交订单后,支付的时候会判断此拼团是否满团,若未满团则继续支付,若已满团则会提醒用户开团,或者系统自动帮用户开团。

(3) 支付成功,即用户参团成功。在规定时间内,参团人数达到规定数就判定拼团成功,规定时间未成团就判定拼团失败。

(4) 拼团成功的订单变更为待发货,开始向仓库流转,而拼团失败将取消订单,并原路退款。

2. 流程设计注意点

一般付款成功才能参团成功。订单提交成功后,订单流转为待付款状态,若在规定时间内不支付,订单会自动取消。再次支付须重新判断是否满团。拼团成功或拼团失败,都要以一定的方式(短信或App提醒)通知用户。整体的拼团活动有限定时间,每个用户参团也有限定时间。

(三) 拼团的库存管理

拼团商品一般是从总库存中划分部分商品参与活动,即独占库存。活动期间拼团商品的库存和正常售卖商品的库存互不影响,拼团结束后将剩余库存返回总库。

库存扣减有两种方案。第一种是参团支付后扣减库存,这种方案会占用实际库存,未成团的库存就无法出货,造成浪费。如 A 商品有 100 件,参加 10 人团,最初开团 20 个,最终 100 人参团成功,但是只有 5 个团拼团成功,所以发货 50 件,其他 50 人退款。第二种是拼团成功后再减少库存,这种方案无法管控成团数量,库存用完之后,后续拼团成功的就会超卖,发生退款,影响用户体验。

在拼团支付的时候,要判断当前是否有剩余库存(用总库存减去已成团数量),若判断没有剩余库存,则不允许参团或开团,也不允许支付。如 A 商品 100 件,参加 10 人团,最初开团 30 个,最终 200 人参团成功,前 10 个团成功,拼团发货 100 件,其余 100 人退款。两种库存扣减方案都是可行的,但都有一定的缺陷,这里建议选用第二种方案。为了避免超卖,可预留一小部分库存。

三、拼团设计

拼团设计的核心策略大多是"促销""社交",反映到产品中就是团购频道的首页设计与团购详情的展示。

在电商平台中,团购通常作为独立的频道存在,具有完整的独立性设计框架。随着团购活动频次的增加及团购商品的丰富,团购的搜索也变得更加重要,因而相关的搜索版块应该提到突出位置。此外,团购活动类型也越来越多,如单品团(单商品团购)、品牌团(一个品牌系列的团购)、整点团(指定整点时间开始团购)、新人团等。当品类类型较少时,团购首页可以按团购活动的类型来进行划分。当品类类型较多时,团购首页可以将大品类按主次进行分版块呈现,引导消费者进行订购。两种划分都有其适用的场景,这要根据实际团购业务自身的特性来选择。

1. 团购首页设计

团购首页设计如图 7-1 所示。

参考拼多多在 App 端的首页设计,首先是频道顶端应优先设计商品搜索与主要品类导航,方便消费者访问;其次是运营活动版块,活动与"百亿补贴"等推荐版块是主要设计,由于运营类活动更新频繁,因此该版块能够更好地为消费目的尚不明确的用户群体提供服务。

2. 商品详情页设计

商品详情页设计如图 7-2 所示。

图 7-1　团购首页设计

从设计策略上可以看出,拼多多团购的详情页设计突出团购低价,与单独购买的原价形成鲜明对比,同时强调参团人数与热销排名,人数规模越大,越能对用户形成热销与爆

款的暗示、还差拼团人数以及倒计时的设计，给用户不能
错过早买早优惠的暗示，形成从众效应。

　　选购数量主要是方便消费者快速选择商品数量，有些
品类会有一些套餐的选择，在此数量上设计添加即可。
拼多多没有设置购物车功能，实际上购物车功能对团购
活动本身是不利的，毕竟团购是一种促销活动，消费者
的购买大多数都是即时决策、即时预订，也就是团购的
消费场景大部分是"实时"交易，在这样的消费特征下，
购物车显然发挥不了其固有的批量预订优势。另外还有
一个关键要素则是"收藏"，"收藏"是商品详情的标准
功能，这对提高交易成功率与复购率都有较大的帮助。

图 7-2　商品详情页设计

四、运营升级

　　最初消费者可能会因为价格较低、买到就是赚到的新
鲜感在拼多多上购物，但低价情况下，很难充分保障产品
质量及服务体验，对生活品质有较高要求的用户，也会因此而迅速流失，因此商品质量依
然是绕不过去的门槛。

　　拼团是一个很好的营销方式与商业手段，但是在注意力经济时代，抢用户不但要注重
用户规模，更要获得其注意力，延长其在线时长，确保用户质量，这样才能真正为企业创
造足够价值。

　　详情页怎么做？这个问题对于一个开网店的人来说是非常容易的，但是如何把详情页
做得高转化就是一门技术了。

　　如果把详情页当作一个故事来讲，那么，如何以图文混排的形式传递商品信息，如
何把文字元素和图片元素搭配设计，通过最终页面效果来讲述每一件商品的故事，这个
故事里总有能让消费者心动的地方。讲这种故事是需要逻辑的，一个没有逻辑的故事是无
法吸引人的，往往这也决定着一个店铺转化率的高低，所以给网店的每一件商品讲一个
故事，这是一门技术活。

　　在老师的指导下，至少观察、分析 5 个团购详情页，并设计一个茶叶团购商品详情页。

　　电商利用社交平台的功能销售商品，吸引更多线下顾客购买商品，提升了店铺的竞争
力。实际上很多的社交电商都是以真实的小区为基础，利用自己的优势联系顾客购买商品，
为小区客户提供优质的售前售后服务。

一、新渠道

电商利用微信平台进行销售，给商家带来了新的销售渠道，有效地降低商家投入的成本。商家只需要在小区组建社群就能销售商品。相比传统的电商销售渠道，社交电商的成本更低。

二、成本低

电商在社群所销售的商品价位会更低一些，因为免去了很多中间环节的费用，消费者直接从社交电商那里购买商品，价格更优惠，购买更放心。

三、体验好

大部分电商会将同一个小区的居民组建在一起，这些居民本身就比较熟悉，对彼此有一定的信任感，电商挑选出一些积极的成员成为团长，不用再想尽办法建立信任感，直接由团长销售商品，提高商品销售的效率。

四、容易复制

社交电商运营的模式比较简单，将小区的居民组建在一个社群中，通过合理运营社群，为客户提供优质的售前售后服务，就能轻松获得客户的认可。这种运营模式也非常容易被其他商家复制，只要找到专业的团长、专业的运营人员就能运营好社区。

五、主要品类

社交电商主营的品类主要包括生鲜水果、休闲零食、美妆个护等生活用品，这些商品与人们的生活息息相关，在市场中的需求量也比较大。社交电商拥有优质的供应链，为客户提供低价优质的商品，自然能在市场上立足。

六、消费人群

社交电商主要面向的是社区的居民，主力消费人群是 25～45 周岁的女性，这些女性成为当前网购市场的主力军，而社交电商主要是为这些女性提供低价优质的商品，因此这种销售模式自然可以获得客户的关注。

试结合课堂所学知识，以小组为单位设计一个茶叶店铺的团购首页，并且策划 3 个商品的团购活动，用 PPT 形式进行汇报。

任务2　砍　　价

任务目标

- 知识目标：了解砍价的基本原理。

- 能力目标：能够进行简单的砍价设计。
- 素质目标：提升分析问题、解决问题的能力。

 案例引入

砍价诞生在社交电商的时代，是社交电商最常见的销售模式之一，目的也是低成本获客，在完成拉新及留存的基础上，实现粉丝裂变增长的商业目标。几年前砍价模式让拼多多高速增长，并超过其他同类产品，快速获取了微信的社交红利。

砍价活动是用户选择心仪商品发起砍价活动，分享给多个好友后，通过好友的助力使商品价格不断降低。

当足够人数的好友助力砍价后，用户可以按照此价格下单购买该商品。同时，帮助该用户砍价的好友看到此活动后，也可以自己发起砍价，邀请更多人参与到砍价活动中，实现以社交圈子为中心，聚合人、人拉人、人向人层层递进的销售目的。

知识准备

一、引言

如果不懂社交电商，现在依然只靠砸钱买流量，那么一半的费用将"打水漂"。本任务将探索社交电商中的砍价，这里以拼多多App、联通App砍价活动为例，深入分析社交电商中的砍价模式，实现低成本获客。

二、社交电商的营销形式

社交化电子商务是在社交媒体情境下借助社交网站、社交媒介、网络媒介等传播途径，利用社交媒体技术进行人际关系、商业信息流的互动，通过社交互动、用户自生内容等手段来辅助商品的购买和销售行为的新型电子商务。总之，社交电商本质是"将渠道佣金返还给用户本身"。社交电商常见模式包括砍价、拼团、助力、1分钱抽大奖、秒杀等，目的都是低成本获客，在完成拉新及留存作用的基础上，最终目的都是完成产品的商业目标。其中，砍价和助力的本质是广告宣传，拼团的本质是广告及薄利多销，秒杀的本质是爆款促销，提升用户黏性(提升新用户的留存关键行为转化及提升老用户留存)。其中砍价、助力和拼团本身带有社交属性，而1分钱抽大奖、秒杀等需要在产品设计中增加分享、组团等社交元素。

三、砍价活动产品设计

(一) 拼多多砍价活动大起底——你帮我砍价，也希望你能发起砍价

1. 发起者发出砍价流程

发起者发起砍价过程中的产品设计注意事项如下：

(1) 要持续引导微信群/个人。

(2) 帮好友砍价等任务或者拆红包等行为是自己获得可以继续砍价的机会。

(3) 引导完成产品核心行为——浏览商品获得砍价券从而刺激下一次砍价行为的发生。

(4) 分享砍价工具给好友从而吸引好友发起砍价行为。

2. 接受者用户群 1——App 活跃用户

针对 App 活跃用户接受帮忙砍价过程中的产品设计注意事项如下：

(1) 对于未关注公众号用户可引导其关注公众号后帮忙砍价，为其他产品线导流。

(2) 通过完成产品核心行为——浏览商品获得一次额外帮忙砍价机会。

(3) 送接受者砍价券，以刺激其发起砍价行为。

3. 接受者用户群 2——App 新用户/非活跃用户

针对 App 新用户及非活跃用户接受帮忙砍价过程中的产品设计注意事项如下：

(1) 通过帮好友砍价来提示和引导用户下载 App(不下载是没办法帮忙砍价的)。

(2) 赠送新人优惠券或者特价商品购买权，实现新用户快速完成初次购买行为，增强用户黏性。

(二) 联通砍价的高级模式——从友商拉客

联通砍价的流程大致和拼多多一致，不过其中有一个比较高级的模式，即异网用户(移动和电信用户)也可帮忙砍价，且必须登录联通 App 才算砍价成功，更高级的模式是异网用户登录后立刻赠送 50 元话费券，该话费券可用于购买联通互联网套餐。可见一个砍价活动不仅完成了新功能推广，而且承担了从友商拉客的重要使命。

四、非电商平台如何砍价

1. 积分商品也可以使用"社交电商"

体验社交电商的时候，非电商类产品是否有机会通过"社交电商"来低成本获客呢？答案是肯定的，就像联通一样，产品肯定有自己独有的商品资源，或者是自己的积分商品，这些都可以用来做"社交电商"中的商品，不怕包装，只要是免费的，用户都会感兴趣。

自己商品的价值高些，就把需要帮忙砍价的人数设定得多些，如果商品的价值低，一两个人帮忙砍价就足够了。

2. 多渠道联动实现"共同成长"

如果需要提升多条产品线的新增及留存用户量，那么可以像拼多多一样，先在微信环境下激活用户(关注微信公众号)，再通过提供差异化价值向 App 导流。产品之间联动可以实现 A 产品的增长带动 B 产品的增长。

3. "砍价的价格阶梯"设置很重要

拼多多 App 上完成一次砍价的"砍价价格阶梯"的逻辑大致如下：

(1) 若接受者为老用户，则砍价金额一般比较少。

(2) 若接受者为新用户，则砍价金额一般比较高，这主要是为了吸引新用户下载 App。

(3) 用一个高价加多个低价的组合模式，让发起者觉得马上就能成功了。

4. 融入游戏元素，让砍价更好玩

拼多多和联通在砍价过程中都融入了游戏元素，比如道具、任务体系，这样不但可以让砍价更好玩，还可以刺激用户分享或发起新的砍价。

5. 别忘了对帮忙砍价的人说声"谢谢"

拼多多和联通在分享及砍价后的文案中均表达了感激之情，而且在砍价成功后都会引导用户把"喜讯"分享至朋友圈，这样不但是对产品本身的宣传，而且是对帮忙砍价的人的公开感谢。

6. 从友商手里抢客，为上上策

如果你的竞争对手很明确，则可以尝试向联通学习。

一、砍价 0 元购方式

砍价 0 元购是有赞商城的社交电商营销方式，即消费者选择心仪商品发起砍价活动，分享给多个好友后，通过好友的助力，使商品价格不断降低，当足够人数的好友助力砍价，砍到商品最低价格(可以为 0 元)后，消费者可以按照此价格下单获得该商品。同时，帮助该消费者砍价的好友看到此活动后，也可以发起砍价，邀请更多人参与到砍价活动中，实现粉丝裂变增长的目的。砍价 0 元购暂时不支持 H5 端使用，仅支持小程序。

1. 微信群聊，一键转发辐射大量用户

消费者选好商品发起砍价后，转发至微信群聊，邀请群友帮忙砍价。好友帮忙砍价后，发现有利可图，也会邀请自己的好友帮自己砍价，由此实现裂变，短期内辐射至大量用户。

2. 好友私聊转发，裂变传播

消费者发起砍价后，会定向发给自己比较熟悉的朋友，或他认为对该活动感兴趣的其他消费者，主动寻找目标消费者，能在消费者群体中高效率传播，获得高质量的消费者。

3. 生成海报，线上线下多渠道吸客

商家创建砍价 0 元购活动后，可在后台生成带有小程序码的活动海报，消费者只要扫描小程序码就可以帮忙砍价。海报可以作为线上物料在各个社交平台分享，也可以打印成实体海报投放在线下门店，吸引线下消费者。

二、设计砍价活动

在老师的指导下，设计一个红茶商品的砍价活动。

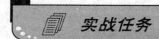

一、拼多多砍价的特点

(1) 省钱：如果砍价成功，确实可以让自己节省一定费用。

(2) 成就感：在砍价成功的那一刻，成就感会油然而生。

(3) 谈话的资本：砍价成功是亲朋好友来家中做客的谈资之一。

(4) 庞大的流量。

(5) 让人反感：平时微信不经常联系的人，如果突然联系让帮忙砍价，就会使人感觉很突兀且不礼貌。

二、评价砍价活动的社会调研

砍价给生活也许增添了一份乐趣，但是如果沉迷于其中，对于个人和社会的发展是不利的。有人说自己没钱才砍价，但是要想想如何提升自己的价值，不要想着如何白拿东西。要知道天下没有免费的午餐，砍价是不划算的，时间才是最宝贵的东西。

试结合课堂所学知识，以小组为单位进行一次社会调研，看看周围人对砍价这个营销手段的评价。总结砍价的优缺点，并整理成 PPT 进行汇报。

任务3　推　客

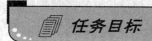

- 知识目标：掌握推客的基本原理和种类。
- 能力目标：会使用简单的推客工具。
- 素质目标：培养独立思考的习惯。

如今我国的美容美发、美甲美瞳、保健养生、足疗按摩、医疗美容等美业门店的总数已逾 150 万家，市场规模近千亿，竞争极为激烈。随着移动互联网的普及，美业领域暴露出了许多亟待解决的痛点：拓客渠道不足，销售效率低下，服务水平停滞不前，顾客流失严重等。欧芙润作为专业从事中国化妆品销售的服务团队，精准把握行业的痛点，采取"个性化"销售方式，通过美肤的交流和专业的指导，为顾客提供护肤解决方案。2019 年 6 月，欧芙润在杭州万仟科技一站式服务商的帮助下制作小程序平台，短短半年时间就将销量提升 500%，月销售额快速达到了 45 万元，拥有超过 5000 名的高活跃推客和 2 万多名忠实粉丝，复购率超过 40%。

一、引言

2008 年以前推客主要是以个人工作室的形式零散存在，业务也局限在一个较小的范围内。如今，推客行业草根、粗犷式的推广模式向集约、专业式的推广模式转变，也涌现出一批专业的推手公司。从 2008 年开始，网络推手群体的特点已经发生了很大的变化，归纳起来有以下几点：

(1) 网络推手群体出现井喷式的增长；高学历、IT 行业人才逐步介入推手群体；推手的低俗推广手段逐步向艺术化过渡。

(2) 推客软件代替人工，网络推客营销公司化、集团化；与推客的合作方式透明化；行业相关法律完善化；从业人员素质要求更高。

(3) 从一线城市向二、三线城市发展，初步形成了产业链雏形，整个行业将会向规范化的道路发展。

二、分销的概念

在介绍推客之前，先了解一下分销的概念。

分销并不是一个新兴的概念，传统的区域代理本质上是一种依赖于线下渠道进行分销的模式。对于微商城商家来说，分销商的发展和管理不再依赖于线下渠道，分销的模式也变得多样化，许多新的模式开始吸引人们的注意，对分销级数的支持也从二级分销变为三级分销。

三、推客的概念

推客是一类以推广商品链接为手段，以获取商品订单佣金为目的的群体。推客常见于各种社交圈，如社交社群、朋友圈、小红书、知乎、微博……淘宝客就是淘宝的推客，其直观的解释就是能帮助商家卖货的分销商，可以把推客理解为没有底薪的销售员。

推客模式则是商家支付一定的费用，以返利、佣金、积分或其他形式给予推客一定的利益激励，让推客帮助其进行商品推广，提升商品销量，其本质属于社交电商。

阿里巴巴上"推客"的使用方法如下：

(1) 打开 https://tk.1688.com/tuiguang.html 页面，单击"我的推广"，如果没有登录，则会提示登录，登录之后再打开这个页面，如图 7-3 所示。

图 7-3　登录阿里推客

(2) 设置全店推广的基础佣金比例，这一步只是设置了店铺的佣金底线，如图 7-4 所示。

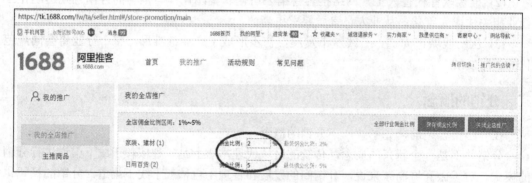

图 7-4　设置佣金比例

(3) 设置主推商品。主推的商品可以设置高佣金，如图 7-5 所示。把全店的商品都筛选一遍，不同商品设置不同的佣金比例，这一步必不可少。

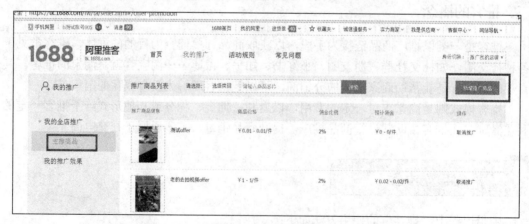

图 7-5　设置主推商品

通过以上 3 步，就能完成店铺推客推广的基本配置，推客们就能在推客后台看到或搜到设置了推广佣金的商品，还可以通过查看推广效果看到下单的时间及金额，如图 7-6 所示。

图 7-6　查看推广效果

设计一个适合推客推广的商品文案，包括推文和图片，重点是如何设置佣金比例。

一、推客佣金设置

以有赞商城的佣金设置为例，推客佣金的设置方式有按等级设置和按商品设置两种。

(1) 设置店铺整体各个等级推客的佣金比例/邀请奖励比例。

(2) 设置不同商品不同佣金比例/邀请奖励比例。

二、研究分析

安装一个佣金返现的 App，结合课堂所学知识来研究、分析下列问题：

(1) 以邀请码登录第三方平台，了解邀请码营销规则。

(2) 选中商品转发到朋友圈或微信群，并思考什么样的文案才有高转化率。

(3) 通过实践，理解平台的佣金返现营销规则。

　**知识拓展**

茶　具

　　茶具，古代亦称茶器或茗器。茶具是所有泡茶过程中必备的器具，不单指茶壶、茶杯。茶具被认为对茶的品质有着莫大的影响。

　　明太祖第十七子朱权所著的《茶谱》中列出了 10 种茶具，有茶炉、茶灶、茶磨、茶碾、茶罗、茶架、茶匙、茶筅、茶瓯、茶瓶，这还是比较少的了。

茶具

　　最早的茶壶使用金、银、玉等材料制成。唐宋以后，由于陶瓷工艺的兴起，它们逐渐被铜和陶瓷茶具代替。铜茶具相对金玉来说，价格更便宜，煮水性能更好。陶瓷茶具盛茶能保持香气，更重要的是价格相对较低，所以容易推广，深受大众喜爱。

　　陕西省扶风县法门寺博物馆保存着一套完整的唐朝皇帝用的纯金茶具。

　　湖南长沙出土的宋代茶具十分精美，价值以白金计算。

　　明代供春、时大彬手制的紫砂壶更是昂贵的艺术品。

项目八　微信营销

 学习提示

　　通过本项目的学习,学生能够了解微信作为移动互联网的一个入口,从最初的社交软件发展成现在的综合性平台,它在企业营销中发挥着巨大的作用,拥有广阔的发展前景。

微信营销

 学习重点

　　朋友圈营销、二维码营销和 H5 营销。

 学习难点

　　朋友圈营销和 H5 营销。

任务 1　朋友圈营销

任务目标

- 知识目标:了解朋友圈营销价值。
- 能力目标:掌握朋友圈营销技巧。
- 素质目标:通过实践,训练学生发现问题、分析问题的能力,提高其学习的自主性。

案例引入

　　早在 2015 年年初,由“宝马”“可口可乐”和“vivo 智能手机”领衔的微信朋友圈信息广告(简称朋友圈广告)掀起了微信营销热潮,被称为数据驱动精准营销吸引广告。数据分析发现,朋友圈广告的目标受众更准确,可以有效提升消费者互动、品牌偏好和购买意愿。下面来分析一些经典营销案例。

(1) App：网易云音乐，快来生成一份"你的使用说明书"，如图8-1所示。

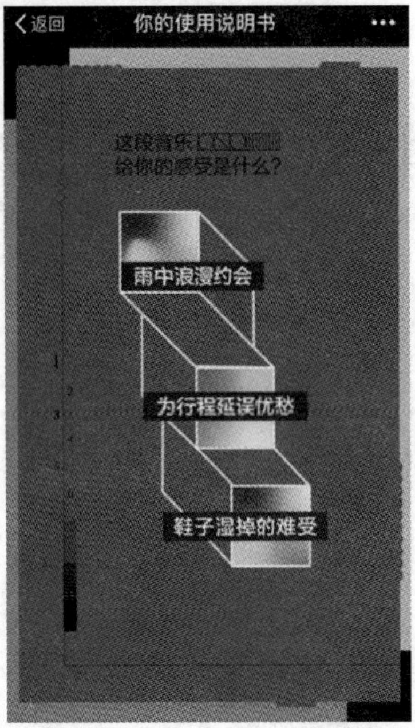

图8-1　网易云音乐"你的使用说明书"

　　能在朋友圈频频引起大规模刷屏的品牌，网易是其中之一。这支在朋友圈引起刷屏的H5"你的使用说明书"，就是来自网易。它能根据用户对几段音乐的判断，得出三句关于用户的使用说明，例如"遇到香喷喷的东西会变圆""起床时容易爆炸"等。

　　H5为什么能火，主要是因为它抓住了用户愿意主动分享的特点，"分享这个可以为我在社交平台加分"，果然是深谙"社交"的网易！

　　(2) 餐饮：海底捞火锅——每日微信流量100万。

　　作为国内最具口碑的餐饮连锁服务机构，海底捞是较早试水O2O营销的餐饮连锁服务企业之一，凭借在微博、点评网站等互联网平台的口碑，海底捞迅速聚焦了大量忠实粉丝。加强客户关系管理一直是海底捞的追求，特别是移动互联网时代，新技术手段层出不穷，对经营者而言如何选择更好的管理方式是他们需要思考的问题。首先，创意活动吸引。首次关注海底捞火锅的微信，就会收到一条关于发送图片可以在海底捞门店等位区现场免费制作并打印美图照片的消息。其次，自助服务全。通过微信可实现预订座位、送餐上门甚至可以去商城选购底料。最后，菜品图案创新。海底捞设计的菜品图案与线下优质的服务配合，同时粉丝享受"微信价"，这样的"组合拳"对粉丝而言就更有吸引力。据悉，海底捞每日通过微信的预订量高达100万。

　　(3) 休闲及餐饮行业：维也纳酒店，微信1年订房1个亿。

　　作为全国中档连锁酒店第一品牌，维也纳酒店最初就看到了服务号强大的智能服务接口，并果断升级服务号，申请并使用微信各大高级接口来开发功能并服务客户。

　　经过系列活动策划与执行，维也纳酒店官方微信的各项体验指标在业内排名第一。微信运营上，其粉丝量净增长262 199人，房间绑定量增长136 190人，订房量增长225 262间。

　　(4) 汽车行业：宝马M2，诠释M2的"速度与激情"。

M 系列是宝马家庭的运动担当，设计上不拘一格的结构与极富张力的表现形式延伸了赛车运动的魅力。宝马 M2 作为一款入门级跑车，宣扬"速度与激情"的年轻质感，希望为客户带来极致体验。

微信朋友圈结合移动视频，不仅放大了优质内容，还让广告创意活灵活现地呈现在受众眼前。宝马 M2 经过微信朋友圈爆发式互动传播，品牌总曝光量达到 1.17 亿，总社交互动次数超过 223 万，宝马中国微信号粉丝增长约 5 万，参与竞猜人数达 87 万，试驾注册申请数近万条，有效传递了宝马 M2 的品牌理念，提升了宝马 M2 的品牌认知度。

知识准备

微信营销是网络经济时代企业或个人营销模式的一种，是伴随着微信而兴起的一种网络营销方式。微信的流量优势，促成了广告业务的繁荣稳定，也让朋友圈广告成为用户社交场景里的常见元素。

一、微信营销的商业价值

微信已成为人们生活里不可或缺的一部分，众多企业都选择微信作为自己的营销平台之一，主要是看重它的商业价值。

1. 精准营销

微信用户规模不断扩大，借助移动终端设备、社交和位置定位等优势，每条信息都可以推送，能够让每个客户都有机会接收到信息，从而帮助商家实现点对点精准化营销。

2. 强关系营销

微信平台可以在人们之间建立一种强关系为起点的社交营销平台，从而产生更大的价值。相比以往的营销平台，微信平台更适应现代人群的使用习惯和宣传途径，微信公众号面向商家提供了关键词自动回复、内容展示、菜单设置等许多功能。对于商家来说，可通过互动的形式与用户建立联系。互动就是聊天，可以解答疑惑、讲故事或分享体验，用一切形式让商家与消费者形成朋友关系。

3. 销售渠道多元化

微信平台的开放接口具有拓展延伸性，商家在开拓商业模式或营销渠道时，可以自定义方案。

4. 交流更便捷

微信为信息的流动提供了更大的自由，通过发送给好友、分享到朋友圈、群聊等方式使用户之间的信息交流更加方便和快捷，大大激活了信息流和现金流。

5. 线上线下融合

微信营销形成闭环 O2O，也就是将线下商机与互联网结合起来，让线上交流互动成为线下交易的前台，线下服务可以用线上来引流，消费者可以通过线上来筛选服务，成交也可以在线结算。

二、朋友圈营销概述

　　微信作为国内最活跃的社交软件之一，人们对其使用的普及度高达 80% 以上，几乎只要有互联网和移动设备的地方，就有微信用户。如今，微信朋友圈成为一种新的营销渠道和工具。什么是朋友圈营销？就是借助微信平台，在朋友圈里发布消息，通过营销技巧，利用关系营销使客户获得信息、了解信息、促进信息交流，从而实现产品推广和产品交易的过程。朋友圈营销表面上是利用其功能，通过文字、图片、视频等信息的转载、分享进行营销，本质上则是针对"朋友"进行的"关系营销"。

　　朋友圈营销有着其他营销方式无法比拟的优势，主要表现为以下几个方面。

1. 性价比高

　　微信软件作为一种社交聊天软件本身就是免费的，它的多种功能也是免费的，所以开展朋友圈营销活动的成本比较低廉。

2. 投放精准

　　在朋友圈广告推广中，人群的性别、年龄、兴趣爱好、活动范围、学历、手机型号等，这些都是可以进行精准定向的，覆盖行业广泛，效果显著。商家或企业将信息发布之后，潜在的消费者会主动进行互动，商家或企业掌握潜在消费者后，可以进行点对点的有效互动。这样高度精准的传播，可以让商家和企业有针对性地进行营销服务。

3. 黏性强

　　微信用户群体广泛，且大量用户几乎每天都会刷朋友圈，无论是年轻人，还是中年人甚至老年人都在使用微信，所以微信每月的图文阅读量非常大。

4. 可信度高

　　成功营销的基础就是信任度，没有信任，就不存在交易，更不会有稳定的客户。朋友圈里都是熟悉或认识的好友，因而可信度高。朋友传给朋友，这是典型的强关系模式。微信的转发和分享功能，随时随地都可以起到传播推广的作用。

三、微信朋友圈营销技巧

1. 形象打造

　　只要塑造好朋友圈形象就会慢慢产生品牌效应，从而得到好友的信任，之后才会有交易。做好朋友圈营销，就要树立专家形象，拉近朋友之间的距离，并取得他们的信任。如果经营健身运动产品，就应该把朋友圈打造成健身专家的形象；如果经营美容护肤品，就应该把朋友圈打造成护肤专家的形象；如果经营农产品，就应该把朋友圈打造成健康专家的形象。在熟悉的领域里推介熟悉的产品，对产品卖点、特性、功能了如指掌，在回答客户提问时，才会胸有成竹、有的放矢。

2. 坚持原创

　　如果只做内容的搬运工，完全没有自己的原创，则产品就会缺乏说服力。一方面，简单地复制粘贴，会让客户觉得这是一个只会发广告、毫无感情色彩的营销号，容易造成彼此间的距离感。另一方面，原创的东西才会有差异性、才会个性鲜明、才会有新鲜感、才会更有吸引力，客户感受到真诚的情感和坦诚的生活态度，才有可能产生信任感。原创的文案，互动性一般都高，那么销售效果自然也会好。不同方式产生的效果也不一样，不同的场景就要有不同的表达方式，要有针对性，不能千篇一律。在推送广告之余，可以发一些和个人有关的真实信息，包括日常生活、感悟以及其他分享，当然要合理分配广告、生活、互动等类型消息在朋友圈中的比例。

3. 内容营销

做营销一定要有针对性，切忌胡子眉毛一把抓。很多人做朋友圈营销时都很盲目，不清楚该什么时间发，需要发什么内容，针对什么样的目标客户。如果客户是 40 岁以上的成功人士，产品内容就要符合他们的胃口，用文案激发他们的需求。针对 00 后喜欢娱乐性强的东西，那么文案就要轻松有趣。针对 70 后，需要更严谨的文字跟图片才能打动他们。要在题目和关键词上下功夫，可以用一些热门的词语或者网络体文字勾起客户的阅读兴趣，从而对产品概念或品牌形象形成一个初步的了解和认知。从品牌了解、产品认知，再到功能介绍，每一步都替客户着想，满足客户的核心需求。

4. 避免过度营销

越多的广告并不意味着越多的销量。设想一下，打开微信朋友圈，满屏的广告也会令人反感。广告的主要目的是传播效果与行为效果。营销涉及很多因素，比如产品属性、核心卖点、销售价格、购买途径等，绝非朋友圈就能够全部解决的。大家打开朋友圈时，更多是想要进行朋友之间的沟通，如果广告过多，则容易被微信好友屏蔽。

实训内容

微信朋友圈营销的五大运营模式

1. 代理模式

代理模式是目前流水量最高的模式，尤其是化妆品类的主要模式。当然，这也是被外界诟病最多的模式，很多人认为朋友圈营销就是找代理，然后会被扣上传销的帽子。实际上，朋友圈代理模式只是线下代理模式的一个延伸。代理模式是集中管理的模式，也是非常高效的模式，因为不需要太多的好友，就可以实现比较可观的流水。新手往往是从代购或者分销开始的，有一定经验、资金和客户积累之后，才会逐渐去做代理。代理级别越高，拿货价格越低，中间的利润也会越多，毫无经验直接投钱进去的人还是极少的。

2. 直营模式

很多人做一些产品的时候，会有"产品毛利太低，无法做代理模式怎么办"的问题。但一般有这些问题的人，大多是一些做生鲜、水果、零食这些日常消费品的微商。而往往这些产品做得好的，都是直接销售的模式，就是直接商户到客户，不会有中间代理，也很难发展中间代理，因为没有足够的利润支撑。

这样的模式怎么通过朋友圈赚钱呢？答案就是选择直营，将产品批发给客户。例如，微信上一位叫"荔枝妹妹"的微商，一开始通过朋友圈把自己的产品送给好友品尝，大家觉得不错就都分享在自己的朋友圈中，之后一传十，十传百，获得了很多基础客户，也慢慢做出了自己的品牌和客户群。因为她的荔枝品质确实不错，在经过推广和销售了几百份之后，就产生了一些批发客户，而这些批量采购客户便成为常年的采购客户。一些外地的水果商则包揽了"荔枝妹妹"在外地的经销权，很快就拓展了外地的市场。

3. 淘宝辅销

很多人会把淘宝和朋友圈对立起来，其实并不是这样的。做淘宝的人开始做朋友圈之后，效果往往会非常惊人。因为淘宝最大的特点是通过各种方法来获取客流，而朋友圈则擅长留住客流，增加复购。淘宝店转战朋友圈营销的方法很简单，让客服用微信号去加所有淘宝成交客户，并表明加微信有优惠和折扣，与此同时在朋友圈里经常进行新品展示和促销，会发现老客户复购率非常高。第一个月下来可能就做到了近万元流水，两个多月的流水就有好几万了，微信上的流水几乎和淘宝店并驾齐驱。同样的流水，朋友圈销售因为没有流量成本和促销成本，利润差不多是淘宝的 3 倍以上。

4. O2O 模式

微信朋友圈并不仅仅是产品销售，而且可以很好地做 O2O。最早的朋友圈案例是"Nancy 美睫"的老板 Nancy，她是一位美睫师，她通过朋友圈做起了美睫产品的生意，并且在短时间内就做到了月流水 20 万元。她所售卖的美睫产品，嫁接睫毛的服务基本都是通过朋友圈实现的。朋友圈也是很多活动的落脚点，尤其是预约打折的效果特别好。

除此之外，高档成衣定制品牌 z.studio 在短短一年时间内，已经在全国开了六家直营店铺。在北京有四家，上海、武汉各有一家，其运营的方式就是通过微信进行新款服饰的宣传。因为定制服饰受到一些中产阶级和明星的追捧，所以口口相传后客户增加很快。同时，品牌还为每个客户安排了专门的客户经理进行维护，随着上海、武汉客户的增多，在当地开设专卖店也就水到渠成了。

5. 品牌模式

很多人认为做朋友圈营销都是卖东西，其实不然，很多微商现在都开始"卖品牌"了，如今的朋友圈已经涌现出了一批批××家、××牌的微商们。他们已经意识到，在竞争日益激烈的市场里，树立自己的品牌，拥有自己独特的标志，才是生存之道。其实，品牌同样是一个商品，而且溢价和增值都非常高。一旦打着品牌的旗号做生意，不仅无形中增加了客户的信任感，更让产品因为有了品牌的支撑而显得与众不同。甚至有一些品牌在朋友圈越做越大后，还会在朋友圈中开展众筹等商业合作。

试分析你的朋友圈中有以上哪几种模式，并具体说明。

实战任务

"双十一"购物节临近，各小组利用微信朋友圈发布商品或活动促销信息。具体要求如下：

(1) 以"双十一"购物节为主题，讨论本次朋友圈促销信息方案。

(2) 制作并展示促销信息方案设计图。

(3) 利用朋友圈发布促销信息。

(4) 每组将朋友圈信息截图上传班级群，全班投票，教师点评。

任务2　二维码营销

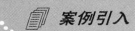

- 知识目标：了解二维码营销的概念，了解二维码营销的方法。
- 能力目标：能利用在线二维码生成器进行文字、图片等不同类型信息的二维码生成和制作；能利用二维码进行营销。
- 素质目标：提升自主学习、解决问题的能力。

经典的创意二维码营销案例

(1) 韩国 Emart 超市：正午才能扫的二维码，如图 8-2 所示。

韩国 Emart 超市发现在一天的正午时间里，超市内的销量和客流量是最低的，为了提高在正午 12 点到下午 1 点的超市人流量和销量，Emart 超市想出了一个好办法。

为了使人们在中午时候的购物能有独特体验，Emart 超市安装了 Shadow Quick Response Code，取名为 Sunny Scale，只有在正午太阳直射地球时二维码才可以被正确读取，他们巧妙地利用太阳和影子之间的物理原理来增添扫二维码的乐趣。当人们扫出二维码之后就可以跳转到超市的网站页面，获得超市的八五折优惠券，消费者可以选择去超市购物，也可以在网上直接选购，配送人员会提供送货上门的服务。这个活动让 Emart 超市的销量提高了两倍。

(2) 纽约中央公园：采用二维码进行导游，如图 8-3 所示。

图 8-2　韩国 Emart 超市二维码营销

图 8-3　纽约中央公园二维码导游

为了吸引来中央公园游玩的年轻游客，中央公园推出了一个叫做"World Park"的活动，倡导人们用一种全新的方式来公园游玩。他们在公园的各处摆放了二维码标牌，人们通过扫描二维码可以了解这个景点的历史、事件、百科知识，还可以在手机页面内进行知识问答，甚至还可以了解这个景点曾入镜的电影场景。不同颜色的二维码代表不同的学科类别知识，它就好像一个博物馆，等待人们去探索它的内涵、趣味和韵味。

(3) Guiness：二维码啤酒瓶，如图 8-4 所示。

图 8-4　Guiness 二维码啤酒瓶

Guiness QR 啤酒是一款社交饮品，它的特殊之处在于只有在瓶子里装满了 Guiness 黑啤酒之后二维码才能显示，才可以被扫描，通过扫描 Guiness QR 啤酒瓶上的二维码可以发推文，更新扫码者的 Facebook 状态，在 Foursquare 签到，还能下载电子优惠券，邀请朋友们一起参加这个活动，而且也只能在特定时间——中午才可以扫描。

(4) 谷歌地图：二维码形式的大众点评，如图 8-5 所示。

图 8-5　谷歌地图二维码

　　谷歌地图根据用户的交互内容给美国超过 10 万家人们最喜爱的商户送去了窗户贴纸，而贴纸内容就是一张二维码。人们通过扫描二维码就可以得知商户信息，里面包括用户对该商店的评分、评论等内容，这就帮助了人们在经过一家店时，在是否要进去之间作出选择。

　　(5) 沃尔玛：二维码虚拟超市，如图 8-6 所示。

图 8-6　沃尔玛二维码虚拟超市

　　相信很多人对 Window Shopping 再熟悉不过了，沃尔玛的 Window Shopping 可以让消费者真正地买到东西，沃尔玛超市在 2012 年圣诞节期间开了它的第一家虚拟超市，把一些儿童玩具的图片打印下来形成一个巨型儿童玩具展，在每一个玩具下面都有一个二维码，当扫描二维码时就能进入沃尔玛网页页面进行购买，还能获得更多关于商品的信息，在网页上购买就有送货上门的服务。这一做法为商店创造了额外的销售点，十分有效。

一、二维码营销概述

　　二维码区别于常见的条形码(一维码)，是用特定的几何图形按一定规律在平面(水平、垂直二维方向上)记录数据信息，看上去像一个由双色图形相间组成的方形迷宫。二维码信息容量大，比普通条码信息容量约高几十倍。同时，二维码误码率不超过千万分之一，比普通条码低很多。另外，二维码编码范围广，图片、声音、文字、签字、指纹等可数字化的信息都能进行编码，具有易制作、成本低、持久耐用的优点。

二维码营销是指通过传播二维码图案，引导消费者扫描二维码，从而推广相关的产品资讯、商家活动，刺激消费者进行购买行为的一种移动网络营销方式。

二维码营销的目的有以下 3 个。

1. 营销入口

以二维码为入口轻松打通商家线上线下发展瓶颈，能够发挥网络信息与现实场景间植入有效策略的连接作用，O2O 模式的宣传过程中将会充分发挥二维码的作用。

2. 科学统计

企业通过二维码应用可以根据不同目标区域、人群、时段等条件，筛选或优化特定目标下的宣传推广内容，实现精准、有效的精细化营销信息推送。同时可以通过二维码识别技术对用户来源、路径、扫码次数等数据进行科学化统计分析。

3. 灵活的营销方式

(1) 二维码投放随时随地：将二维码投放到名片、报刊、展会名录、宣传单、公交站牌、地铁等广告位，消费者可使用手机扫描随时随地浏览、查询、支付。

(2) 二维码内容可及时更改：当企业需要更改扫码内容时，只需在系统后台更改内容即可，不需要重新制作二维码再次投放，从而方便企业随时调整营销方式。

二、二维码营销应用

通过二维码进行的营销应该是新型立体化营销，非常适合现代社会渠道融合的销售场景。那么二维码营销应用有哪些呢？

1. 随时随地发布产品活动信息

二维码营销已经成为众多商家常用的一种营销方式，同时手机扫码也被广大消费者熟用。对商家来说，利用二维码来扩大营销路径，随时发布产品活动信息，能够带动更多消费者参与、促进消费，从而提高商家的销售量。二维码促销优惠信息被广泛应用在电商业、餐饮业等。例如，金凤成祥蛋糕店曾经在一次中秋节活动期间，运用二维码优惠券获得了客户的认可，客户到金凤成祥蛋糕店之后，只需要扫描一下店里的二维码，就可以享受到特殊优惠。

2. 宣传企业，展示形象

在二维码的内容中加入企业的宣传内容，客户在扫描成功之后，就能清晰地看到企业的诚信度、知名度，从而为树立企业的良好形象打下基础。

3. 互动营销

二维码是一个强大的网络存储器，不但可以存储网址、产品、文字、图片、视频，还能与客户互动、让客户定位位置、锁定产品类别、灵活选择地址等。它不但为客户带来了实实在在的方便，也使企业的营销战略更人性化。除此之外，咨询信息、有奖问答、参加促销等功能还为企业带来了机遇。企业利用二维码营销，让消费者与品牌商实现零距离互动，通过扫码得返利、抢红包、领积分、抽奖兑奖等活动，返利于消费者，不断地活跃用户，提高其参与热情，提升促销效果，扩大品牌影响力，增加用户黏性。

4. 方便顾客与商家

扫码支付，对个人来说，保证了支付的安全性，避免收到假钞，更加便捷，不需要带现金，付款更加及时省时；对商家来说，提升了运营效率，降低了成本，实现了客户引流，更加利于宣传。

5. 融入产品防伪信息

二维码防伪既有传统防伪方式的优势，又解决了传统防伪极低的查询率问题，消费者用手机扫一扫即可辨别真伪。二维码除了防伪之外，还能进行溯源追踪。企业通过二维码溯源系统可随时记录原料采购、生产过程、产品去向、批次、厂家、生产日期等生产、物流以及渠道信息。通过二维码溯源，可以提高企业内部管理效率和控制力，出现产品质量问题时，企业通过扫描产品包装二维码，可追溯到同批量产品、质量问题的责任人；消费者也可以扫描查询产品信息，放心购买。现在很多有机食品，尤其是一些高端品牌，都加入了二维码，支持一键扫描查询产品的产地以及生产日期。

二维码的营销模式

随着互联网的发展和智能手机的普及，现如今人们出去吃饭都是用二维码扫一扫点餐、付款。二维码加强了商家和消费者之间的互动和信息的传播。二维码营销也是商家的主要营销手段。那么二维码营销模式有哪些呢？

一、网络社交类

目前，网络社交类二维码主要以微博和微信为代表。例如，微信中的二维码提供了多种功能服务，带来更便捷、好玩的操作体验，也为用户创造了一个提高关注和营销的机会。

二、服务提供类

服务提供类的二维码应用范围比较广。例如，二维码营销为客户提供从票证检验到物品信息二维码化的一整套运营解决方案。

三、电商购物类

依托二维码的移动电子商务平台将成为众多公司未来的核心业务，为商品制作营销二维码，消费者扫描二维码之后登录其移动电子商务平台实现购买，这种模式必将催生出体量巨大的公司。

四、应用工具类

二维码的应用，可以分为主读和被读。

被读类应用是以手机等存储二维码作为电子交易或支付的凭证，可用于电子票务、消费打折等。

主读类应用是指安装识读二维码软件的手持工具，识读各种载体上的二维码，可用于查询信息、防伪溯源、购物付款、执法检查等。

五、媒体阅读类

由于二维码中可以包含极大的信息量，随着智能手机在日常生活中的普及，二维码扫描阅读将改变人们阅读的习惯。众所周知，在手机上编辑网址十分费力，而使用二维码扫描后直接进入相关页面进行阅读，方便又快捷。

阅读资料后，试区分不同移动二维码的应用模式，并举出身边的真实案例。

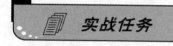

实战任务

本任务练习制作属于自己的移动二维码，其操作步骤如下：

(1) 百度搜索"草料二维码生成器"官网//cli.im 进入制作界面。在网页中练习将文本、网址、名片、文件、图片、App 等内容生成二维码。

(2) 制作并设计专属于自己的移动二维码(内容自定义)。

① 制作文本功能二维码。

② 制作名片功能二维码。

③ 制作网址二维码。

④ 制作短信功能二维码。

⑤ 制作 WiFi 功能二维码。

任务3　H5 营销

任务目标

- 知识目标：认识 H5，了解 H5 营销策略。
- 能力目标：具备简单进行 H5 页面设计的能力。
- 素质目标：提升自主学习、解决问题的能力。

五大 H5 游戏营销成功案例

在 2016 年，微信营销"大决斗"就已经在朋友圈悄然展开，而其中又以 HTML5(简称 H5)页面游戏最受欢迎，凭着无须下载、即点即用的优点，H5 轻松击败了曾经叱咤风云的 App。这里主要介绍几个 H5 游戏营销成功的案例，看看那些曾经刷爆朋友圈的游戏是否榜上有名。

一、非比工坊——"买买买"

非比工坊制作游戏——买买买，将平台的购物功能发挥到极致。为了预热"双十一"购物狂欢节，非比工坊制作的游戏主题主要是"双十一"购物，在游戏 Loading 页面植入 Logo 信息和广告信息，开始页面替换为非比工坊广告并设置游戏的主题颜色，在游戏结束页面加上游戏抽奖环节，增加用户的参与度和满意度，如图 8-7 所示。

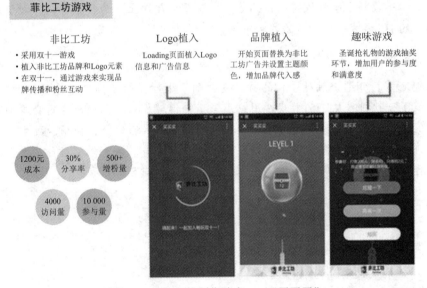

图 8-7 非比工坊制作游戏——"买买买"

营销启示：互动体验对于用户来说是一件乐此不疲的新鲜事。"科技改变营销"，这是真理。

二、观澜高尔夫——"慈善，接力"

真正能够深入人心的 H5 游戏营销，应该是通过激发人们的情感因子来进行的，比如观澜高尔夫在 2016 年推出的"慈善，接力"游戏。作为行业内首款带有慈善情感色彩的 H5 互动游戏，"慈善，接力"呼吁大众通过救济、援助来表达对人类的热爱，增加人类的福利。用户能在游戏中获得游戏积分，线上积分可用于抽奖，同时引导用户到高尔夫球场消费，既实现了情感传递，又达到了企业销售 O2O 的导流目的，成功带动实体店的销售环节，足以成为 H5 游戏营销的年度典范，如图 8-8 所示。

图 8-8　观澜高尔夫——"慈善，接力"

营销启示：营销 3.0 时代将从产品导向、满意度导向上升为价值导向，能使消费者产生情感共鸣的 H5 游戏营销才是成功的营销。

三、深圳地质

《深圳地质》可谓将触屏手机的特点发挥到了极致。为了预热科普漫画上市，《深圳地质》上线了一款科普类 H5 游戏，用户用手指触摸屏幕来控制漫画主角躲避山地、泥石流等自然灾害，将自然灾害下的酷跑和科普漫画的主题紧密结合，使用漫画主角、漫画相关的场景将待上市的漫画元素植入，如果躲避方法不恰当，会有弹窗对自然灾害和规避方法进行科普。游戏与品牌的完美契合，强化了卖点，如图 8-9 所示。

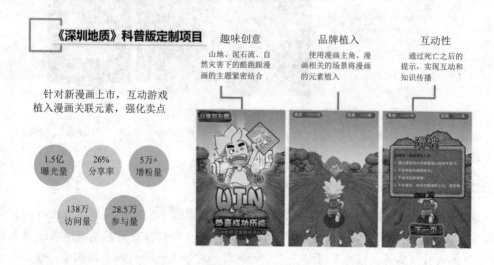

图 8-9　《深圳地质》科普类游戏

营销启示：杂糅图片、文字和音视频等多媒体是 H5 的又一大优势，而当这种生动的形式与一些严肃的内容相遇时，往往会发生出人意料的"化学反应"。

四、泰国 VooDoo——反应力大挑战

不管是黑猫还是白猫，抓到老鼠就是好猫，不管是技术还是情感，吸引到消费者就是好传播。这款界面有趣、互动简单的"免费泰国游"游戏，就把品牌传播回归基本，直接把产品软性植入其中，从而赢得更多的曝光点。

游戏有两种奖励，游戏坚持 30 秒获得化妆品 VooDoo 抽奖一次，坚持 120 秒获得泰国之旅抽奖一次。丰厚的游戏奖励是刺激用户的直接方法，游戏中巧妙设置"分享至朋友圈可续命一次"，吸引更多的用户，达到游戏互动、品牌传播的效果。通过趣味的游戏，以物质奖励为利益驱动，使用户体验乐趣的同时还能获得奖品，对企业来说，既达到了品牌的宣传，又达到粉丝引流的效果，对于一个全新上线的企业微信号来说，这未尝不是一种可以借鉴的有效方式，如图 8-10 所示。

图 8-10　泰国 VooDoo——反应力大挑战

营销启示：别把消费者想得太复杂，最简单的用户体验，有时就能带来最直接、最成功的传播效果。

知识准备

一、H5 技术

H5 技术是指第 5 代 HTML，也指用 H5 语言制作的一切数字产品。HTML(Hyper

Text Mark-up Language)即超文本标记语言，是用于描述网页文档的一种标记语言。用 H5 搭建的站点与应用可以兼容 PC 端与移动端、Windows 与 Linux、安卓与 iOS。它可以轻易地移植到各种不同的开放平台、应用平台上，打破各自为政的局面。这种强大的兼容性可以显著地降低开发与运营成本，可以让企业特别是创业者获得更多的发展机遇。

HTML5 是一种规范、一种标准，它通过标记符号来标记要显示的网页中的各个部分。网页文件本身是一种文本文件，通过在文本文件中添加标记符，告诉浏览器如何显示其中的内容(如文字如何处理，画面如何安排，图片如何显示等)。浏览器按顺序阅读网页文件，根据标记符解释和显示其标记的内容，对书写出错的标记将不指出其错误，且不停止其解释执行过程，编制者只能通过显示效果来分析出错原因和出错部位。但需要注意的是，对于不同的浏览器，同一标记符可能会有不同的解释，因而可能会有不同的显示效果。

二、H5 的优点

(1) H5 页面开发简单、开发成本低、门槛低、周期短、维护更新简单，H5 页面推广成本较低，推广的只是一个 URL 链接或者二维码。设计文件存储在服务器，便于及时修改调整，且修改灵活自如，还能够和用户阅读内容同步，大大提升了制作效率。同时受众人群精准，减少了资源浪费。

(2) 传播方式灵活，传播效果好。H5 的展现形式是综合的，增加了与用户的互动，各种触控、滑动、点击、摇一摇、重力感应、环境感应等，都会和设计形成互补关系，给用户带来新的体验。同时 H5 利用了互联网的快速性，短时间内可以达到很高的浏览量和识别度。H5 页面最大的优势是传播能力极强，有非常好的传播效果，是企业、商家进行品牌和产品宣传的利器。

(3) H5 可以活跃地跨平台使用、多渠道推广，这是 H5 被广泛运用的主要原因。无论是微信、QQ、浏览器，都可以直接打开一个 H5 小产品，不需要下载 App，用户使用方便，分享也方便。

(4) H5 中融入大量的音频元素和视频元素，增添了产品的活力和趣味，观赏性更强，也具有一定的互动性，使宣传和营销充满创意和新鲜感，从而使受众主动传播。

三、H5 营销策略

1. H5 互动游戏营销

H5 互动游戏营销可以增强产品推广活动的趣味性，吸引客户参与，提高实体门店的客户到店率和门店品牌的曝光度和知名度，提高线上活动的参与度，刺激消费。比如商家可以制作各种有趣的 H5 互动小游戏，让客户通过玩游戏或分享、转发来赢取优惠券、折扣，甚至免单机会，从而实现优惠促销活动的广泛传播。

2. H5 促销活动玩转社群营销

商家可以推出创意有趣的 H5 促销活动，并将其分享至微信群或朋友圈，借助微信庞大的用户流量,实现活动的快速传播。例如,砸金蛋、大转盘抽奖、红包、砍价、秒杀等 H5 促销活动,可以提升社群的活跃度,吸引粉丝,拓展新客。

3. H5 调查问卷

商家可以通过制作 H5 调查问卷,增强调查问卷的趣味性,邀请客户参与,提高品牌的曝光度与知名度,了解客户对产品、品牌、活动的满意度以及建议,提升产品质量,调整客户服务,优化服务体验,打造口碑。

4. 内容上追求创新创意

结合品牌特性,在内容上做到有趣、实用、有价值、追新求异,吸引客户关注,促使客户乐于分享和转发,从而达到营销目的。

四、常用的 H5 制作工具

1. 人人秀

人人秀是用于设计 H5 页面、微信活动、粉丝活动的 H5 设计工具。通常,它还被用来生成 PPT。它在营销方面具有非常出色的表现,除了能够制作简单的翻页 H5,还支持各种互动插件,轻松创建微信红包活动、抽奖活动、投票活动、抽奖红包、口令红包、照片投票、大转盘抽奖、活动报名、H5 游戏、VR、微杂志等。与竞争对手相比,该平台提供了易于使用的页面编辑功能,同时在不同元素之间提供了出色的交互性。人人秀还有更多的附加功能,包括艺术字体、红色信封密码等。

2. 易企秀

在免费 H5 页面制作工具中,易企秀定位简单翻页模板 H5,面向普通用户,用户可以发布模板,模板数量较多,可用于公司促销、电子贺卡、微信营销促销、专业场景制作、微型杂志、邀请函和音乐相册。易企秀提供海量 H5 微场景模板,轻松制作一键生成 H5 页面,非常适合做移动营销活动。

3. MAKA

MAKA 的官方网站是一个无所不包的平台,为微信提供可访问的 H5 页面、微场景、微信海报等,主要用户群体是设计师,操作体验较优,但功能较少。平台拥有海量的 H5 模板和海报供用户随心挑选,可以轻松完成电子邀请函、场景定制推广,还有创意海报、电子相册、节日贺卡制作等。

4. 兔展

兔展是使用 H5 技术的全面专业生产平台,定位普通用户,操作体验佳。兔展专注 H5 技术实现,是微信 H5 页面、微场景、微页、微杂志、微信邀请函、场景应用的专业制作平台,也是管理 PPT 的最佳选择。该工具在编辑照片时非常有用。

5. 秀米

秀米提供了丰富的页面模板、长页面图形、多页面场景。与竞争对手相比,秀米平台无论是在图形设计上还是在封面设计上,都是精心考虑过的。

实训内容

　　扫描如图 8-11 所示的二维码，体验"2020 东涌镇第二期垃圾分类答题抽奖活动"H5
页面，回答以下问题。

图 8-11　示例二维码

　　(1) 从功能和目标角度进行分析，这个 H5 属于什么类型？
　　(2) 这个页面使用什么表现形式？
　　(3) 你认为这个页面做得怎么样？好在哪里？不好在哪里？你会怎么设计这个页面？

实战任务

　　使用 MAKA 制作某品牌元旦促销活动的 H5 页面，要求有背景音乐，不少于五页，第
一页封面，二到四页是活动的内容或产品的推荐等，最后一页要求是表单。制作步骤如下：
　　步骤一，新建空白 H5，如图 8-12 所示。

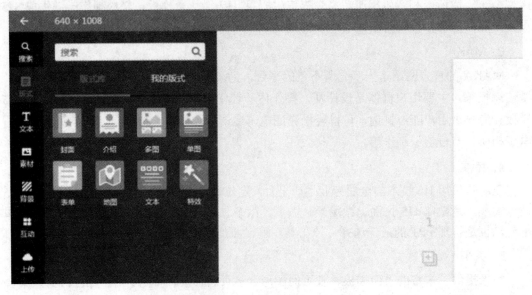

图 8-12　新建空白 H5

步骤二，选择一个背景，如图 8-13 所示。

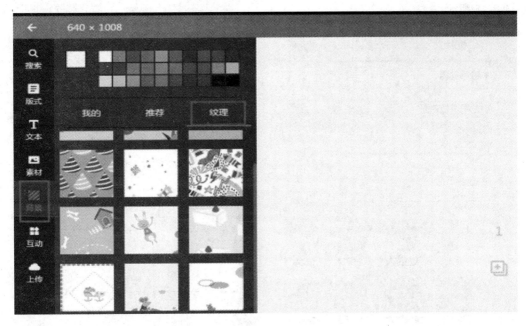

图 8-13　选择一个背景

选择合适的文本并插入，如图 8-14 所示。

图 8-14　文本插入

也可上传自己喜欢的图片作为产品图。

步骤三，设置图片的基本属性，如透明度、圆角、尺寸等，还可以设置图片的动作，如图 8-15 所示。

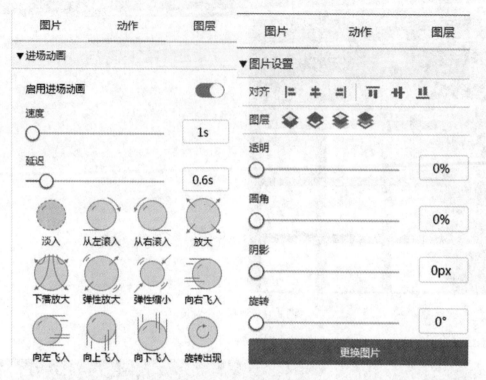

图 8-15　图片的基本设置

步骤四，设置最后一页为表单，如图 8-16 所示。

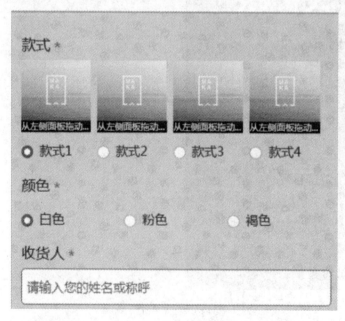

图 8-16　选择表单款式

知识拓展

茶 与 礼 节

　　茶礼有缘，古已有之。客来敬茶是中国汉族最早的重情好客的传统美德与礼节。宾客到家，总要沏上一杯香茗。喜庆活动，也喜用茶点招待。开个茶话会，既简便经济，又典雅庄重。所谓君子之交淡如水，此水即指清香宜人的茶水。汉族还有种种以茶代礼的风俗。南宋都城杭州，每逢立夏，家家各烹新茶并配以各色细果，馈送亲友毗邻叫做七家茶，通常就是在茶杯内放两颗青果即橄榄或金橘，表示新春吉祥如意的意思。

茶与礼节

　　茶礼还是中国古代婚礼中一种隆重的礼节。民间男女订婚，以茶为礼。女方接受男方聘礼，叫下茶或茶定，有的叫受茶。同时，还把整个婚姻的礼仪总称为三茶六礼。

项目九　站外营销

学习提示

站外营销

站外营销与引流是微商城运营的重要手段之一。本项目主要介绍微博营销、短视频营销、直播营销等几种主流的站外营销方式。创业没有固定的模式与标准，通过本项目的学习，学生可以了解多种营销方式，拓宽运营思维，为今后的学习和创业打下基础。

学习重点

微博营销、短视频营销和直播营销。

学习难点

微博营销的运用、短视频营销的运用和直播营销的运用。

任务 1　微博营销

任务目标

- 知识目标：掌握微博营销的概念、微博营销的技巧。
- 能力目标：学会个人微博的创建、管理；能够运用微博进行微店营销。
- 素质目标：通过实践，训练学生发现问题、分析问题的能力，提高其学习自主性。

案例引入

一、Fendi(芬迪)

芬迪是一家意大利的奢侈品牌，主打皮草、皮革制品、鞋子、香水、眼镜、钟表、配饰等。芬迪于 1925 年在罗马成立，以皮草闻名于世界，在全球拥有 200 多家商店。

芬迪在微博上展示了最新的手提包"Crayons"系列，鼓励微博用户对最喜欢的颜色进行投票，并转发给他们的朋友进行投票。在活动结束的时候芬迪选取了四个幸运参与者并免费赠予一个新系列的手提包。

根据相关数据统计，该条帖子在一周内产生了 30 000 条转发和 5000 条评论，参与的微博用户达到 884 073 个。该活动让粉丝的微博号增加了 20 000 个活跃粉丝。

二、Coach(蔻驰)

Coach 是一家总部位于纽约的奢侈品公司，于 1941 年成立，拥有 1000 多家商店和 17 000 多名员工，他们在行业内取得了令人瞩目的成绩，并且还在不断发展。如今 Coach 的市值超过 100 亿美元，是全球领先的奢侈品公司之一。

Coach 在微博上发布了一个名为 Coach Footprints 的微博活动。该活动鼓励 Coach 的微博关注者提供联系信息，以便有机会赢得价值 500 元人民币的奖品。Coach 每天随机抽取一名幸运粉丝并且展示在微博页面上。

自该活动启动以来，转发次数增加了 13% 以上，用户评论增加了 50%，微博粉丝在短短 5 天之内增加了 157%。该活动让品牌公司与粉丝之间的关系更加紧密。

三、新西兰旅游局

新西兰旅游局是国家机构，其职责是促进新西兰成为国际旅游胜地。

新西兰旅游局签下了某明星作为在中国的品牌大使，当时该明星有超过 4000 万的微博粉丝。该明星在新西兰旅游期间定期发送有关新西兰的推文。这次活动吸引了将近 100 万用户访问该旅游局的网站。据该旅游局发言人声称，该明星大大提高了其旅游景点在中国的知名度，并且获得了更多旅游订单。

知识准备

微博作为国内的超级 App 之一，用户群体大多是年轻一代，且有较强的消费能力。微博发布的 2021 年第三季度财报显示，截至第三季度末，微博月活跃用户达 5.73 亿，其中移动端比例达到 94%；日活跃用户达到 2.48 亿，规模同比净增 2300 万。因此微博也成了众多品牌的营销阵地。

一、微博概述

微博于 2009 年出现在人们的生活当中，和当时其他社交平台有所不同，微博给人们带来了不同的沟通方式。在微博平台上，人们可以根据自己的爱好和习惯，关注自己想要了解的内容，也可以对各条微博信息发表自身的看法和意见，同时把自己的评价分享给其他人。因此，开通微博账号的企业和个人能在微博上直接互动，使得人与人之间、人与企业之间的交流更为便捷、全面。微博营销在这样的环境下应运而生。

微博就是微型博客(Micro-blog)的简称，作为一种广播式的社交媒体、网络平台，微博通过关注机制分享简短实时信息，并基于用户关系实现信息的分享、传播和获取。最早也是最著名的微博是美国的 Twitter(推特网)。我国最早开始进入微博领域的是新浪网站。新浪于 2009 年 8 月进入微博领域，之后腾讯、搜狐等也不断加入微博领域。随着微博的发展，也催生了相关网络营销方式，即微博营销。微博营销就是借助微博平台进行形象宣传、信息分享、品牌推广、活动策划等营销活动，从而创造价值的营销方式。

二、微博营销技巧

微博用户非常多，粉丝黏性也比较大。想要微博营销做得好，需要了解和掌握一些营销技巧。

1. 注重微博互动性

"活动内容＋抽奖＋关注＋转发＋点赞＋评论"的活动形式一直是微博互动的主要方式。当别人评论或者转发你的微博时，认真回复留言，用心感受粉丝的思想，可以和粉丝进行互动，让粉丝更加关注你的微博。同时还可以举办一些抽奖活动等，吸引更多的人参与进来，提高传播的效果。

2. 微博更新要有规律

微博的更新要有规律，不能只放在那里当摆设，或者一段时间集中更新，一段时间又不更新。微博要像保持随时更新的电子杂志，注意定时、定量、定向发布内容，让大家养成观看习惯。

3. 明确微博定位

只有知道产品或品牌的受众，才能在规划微博各阶段的内容以及相应的话题分类时有明确的方向，这样往往能够避免在微博营销过程中出现"只顾埋头拉车，不顾抬头看路"的情形发生，达到事半功倍的效果。有的企业微博人数过万，但转载评论的人却很少，宣传效果不明显，这其中一个很重要的原因就是定位不准确。假设企业为美妆品牌，就可以围绕一些目标顾客关注的产品来发布相关信息，吸引目标顾客的关注。

4. 发布有价值的微博

在微博上发布一些有价值的信息，才有可能让微博粉丝驻足，同时也能够提高自己产品的销量。只有为浏览者创造价值的微博，才有可能实现企业期望的商业目的。

三、微博内容发布

1. 内容设置

企业微博的核心内容是围绕公司的产品运营去做，但不是每天都发布广告，否则会让人觉得无趣。还可以发布公司内的一些有趣的事情，比如挂着员工牌的员工们在练习抖音热舞，或者户外拓展训练中员工们在嬉笑打闹等。这无形中能够宣扬企业文化，塑造企业品牌。

2. 推送时间

内容推送的时间一般在通勤时间，或者午餐时间、晚餐时间，还可以在夜间睡觉之前。

3. 发布形式

发布形式最好是短视频，其次是图片，再者是文字，图文结合的形式最受欢迎，毕竟文字的展现效果相对于图片或短视频来说还是差一些。

4. 话题营销

加入社会热点话题的讨论，即便微博账号没有粉丝，发布任何信息也还是有被别人看到的可能。

 **实训内容**

(1) 进入新浪微博首页(http://weibo.com)，注册新浪微博。

① 打开新浪微博，查看"微博帮助"，回答个人怎样才能通过认证。

② 成为会员后有哪四大特权，其中功能特权有哪些？

(2) 同学间互粉，要求粉丝数达到 10 个。

(3) 进入新浪微博广告中心(http://tui.weibo.com)，仔细查看页面中对新浪微博广告的详细介绍。

① 粉丝通广告的展现形式有哪些？

② 产品落地样式有哪些？

③ 新浪微博从广告平台角度可分成哪些广告？

④ 新浪微博从广告产品角度可分成哪些产品？

(4) 找一个你认为有趣的、有益的、有用的微博营销案例。

 **实战任务**

尝试创立一个营销工作室，借助新浪微博来完成自己的创业梦。

1. 注册微博账号

(1) 为自己的新浪营销账号起一个昵称，如某某学堂、某某工作室、某某园地、某某之家等。

(2) 上传一张合适的图片作为账号头像，可自行百度找图。

2. 发布微博

发布一篇与品牌销售有关的原创微博(广告语+品牌图片)。

任务2　短视频营销

 **任务目标**

· 知识目标：了解短视频营销的概念、短视频的分类和短视频营销的商业价值。

· 能力目标：能够策划短视频营销方案，学会制作简单的短视频。

· 素质目标：通过实践，训练学生发现问题、分析问题的能力，提高其学习自主性。

案例引入

创维电视"新年大有可玩"创意短视频撬动社媒互动

在全国经历了极为特殊的 2020 年后，2021 年元旦及春节期间，国民品牌创维电视再度通过一系列整合营销传播动作向大众释放出充满暖意的人文关怀，以新科技、新产品、新玩法、新伙伴重启"年味儿"，让"新年大有可玩"。短视频作为此次创维电视元春旺季营销的核心创意形式之一，不仅仅是此次元春旺季主推产品卖点场景化、具象化的视觉表达，更是释放社交互动能量的创意窗口。

自 2020 年 12 月底，创维电视陆续在官微上分阶段发布一系列 30 秒短视频，分别对此次元春旺季营销五大主推产品共六大核心卖点进行场景化演绎。通过游戏合家欢、沉浸式观影、视频云社交、客厅 AI 健身等一系列创维大屏科技赋能下的温馨节庆场景，创维电视成功以"新年大有可玩"的创意包装，传递以大屏科技重构家庭情感连接的品牌主张。

除了官方创意短视频的主动输出，创维电视还与各领域 KOL(Key Opinion Leader，关键意见领袖)合作共创短视频内容，在各个主推产品传播阶段掀起了数波互动量高峰。其中，风靡抖音和微博的特效玩咖@疯狂特效师，使用创维电影原彩 8K 电视 Q71 创作了短视频，以电视内容活灵活现"脱屏"而出以及通过六路视频通话功能"穿屏而过"解决麻将牌友"三缺一"痛点等创意表达，夸张却又具象化地表现了创维 8K 电视极尽真实的超高清晰度。并以此创意视频为引爆点，联动抖音和微博粉丝一同与其进行特效视频互动，触发 UGC 用户生成内容。官方和 KOL 短视频内容双管齐下，推动该项目主题"新年大有可玩"的阅读量达到 7324.9 万，讨论量达到 8.7 万。

知识准备

随着移动互联网的发展和智能手机的普及，短视频越来越受到人们的喜爱。目前，中国短视频用户规模已近 10 亿，各种短视频营销方式也层出不穷。

一、短视频营销的概念

短视频是时长较短的视频。一般时长在 5 分钟以内的视频都可以称之为短视频。国内的微视、抖音、快手、美拍、秒拍、梨视频等平台的短视频一般具有以下特点：一是视频时长在 30 s 以内；二是制作门槛低，仅需手机就能完成拍摄和剪辑；三是可以依靠各种社交媒体平台进行传播。以往进行长视频营销时，视频制作及营销需要花费很大的人力、物力、财力。而短视频制作入手简单，营销中传播速度快，投入人力和物力更少，很快成为众多品牌青睐的营销工具。短视频营销主要是借助短视频，选择目标受众人群，传播企业品牌产品和服务信息，最终达到营销目的。当用户对产品或者视频内容感兴趣时，会主动分享或者购买产品，最终实现引流及交易的目的。

二、短视频分类

1. 按照生产主体分类

用户生产内容(User Generated Content，UGC)即用户原创内容。UGC 的概念最早起源于互联网领域，即用户将自己原创的内容通过互联网平台进行展示或者提供给其他用户。由于短视频内容制作简单，用户不需要经过专门的训练就可以上手，所以短视频拥有大量的 UGC 来源。快手、秒拍、抖音等平台的各类短视频很多都属于 UGC。UGC 具有交互性强的特点，它承载的内容更加人格化，更能表达分享者的个性和心情。短视频的创作者既是主人公又是观众，通过和其他用户的互动，容易让用户产生很强的黏性。

专业机构生产内容(Professional Generated Content，PGC)指专业生产内容或专家生产内容，主要依靠专业团队来创作内容。PGC 一般要比 UGC 产品专业性更强，更加精致，内容和品质也更有保证，制作效率也更高。当然，这并不是说 UGC 的内容一定不如 PGC，一些具有专业知识背景和技能的网络用户也能制作出相对专业、精良的短视频,但是它仍然属于 UGC。

2. 按照生产内容分类

短视频目前受欢迎的类型有很多，有搞笑、美食、时尚、美妆、街采、旅游、娱乐、生活、资讯、亲子、知识、游戏、汽车、财经、励志、萌宠、运动、音乐、动漫、科技、健康、故事等类型。

(1) 搞笑类。搞笑类短视频的受众很广，流量很高，是最受欢迎的一类，也是最容易出爆款的一类。搞笑类的难点就在于原创和表演，如果能够很好地将吐槽点和搞笑点相结合，表演方面做到自然、平实，娱乐搞笑的内容就能够引起大多数观众的兴趣。

(2) 美食类。美食类短视频大致分为两种，一种是美食教学，另一种是美食寻找。

(3) 萌宠类。可爱的小动物，聪明又有技能的萌宠，受欢迎程度不可小觑。

(4) 励志类。积极向上、给人动力、具有正向价值观的内容很受欢迎。正能量的内容很容易引起共鸣、点赞、评论，能很好吸引粉丝。

(5) 时尚类。爱美之心人皆有之。时尚类短视频细分的话会有很多，比如着装、美发、美甲、美妆等。美妆教学一直很受欢迎，也很容易被转发，所以这类视频也造就了很多网红。

(6) 街头采访类。街头采访是比较容易做的短视频，也是目前短视频的热门表现形式之一，其制作流程简单，话题性强，深受都市年轻群体的喜爱。街采类短视频的成功与否主要在于前期准备的问题是否能引起被采访者的倾诉，是否符合人们的三观，是否有足够的趣味性。

(7) 旅游类。徒步旅行、环游世界及各种主题旅行，被越来越多的人所关注。由于短视频录制简单、成本低廉，所以除了庞大的普通用户外，很多景区乃至在线旅行社等，都纷纷进驻一些短视频网站开设了官方账号。借助于短、新、快、奇的短视频内容，也带火了一大批国内旅游目的地，成为旅游目的地营销的又一商机。

(8) 才艺类。通过展示自己的特长或某一方面的才华，比如分享自己的歌唱、舞蹈、绘画、手工、乐器演奏等实力，吸引用户的关注。

短视频类型广泛，每种类型都有自己的受众。只要能做出属于自己的风格，把握好自己擅长的领域，持之以恒，就能获得成功。

三、短视频营销的商业价值

1. 流量价值

快手与抖音的用户规模远超其他短视频平台。截至 2022 年 4 月，抖音月活跃用户数达 6.8 亿；快手月活跃用户数达 4 亿，稳居头部地位。短视频流量巨大，不管是信息流短视频广告，还是内容植入，都能够通过有趣的内容或者形式来自然展现广告信息，让观众更容易接受。

2. 传播价值

短视频平台大幅度缩短了品牌到用户的沟通、转化路径，提高了品牌营销效率。用户利用碎片化时间就可以将有趣、有料的内容迅速传播分享出去。

3. 产品价值

短视频制作形式多样，能够加强品牌与用户间的互动，具有深度沉浸感的模式更易于传递品牌信息。几乎各种业务都能通过短视频方式呈现内容。一个时长 15 s 的短视频所承载的内容，是过往图文形式大费篇章才能表达的。简短的短视频，能够在有限的时间传达较多的内容，引起消费者的共鸣和进一步了解的欲望。

4. 营销价值

短视频中通常会有丰富的场景，不同的场景会发生不同的故事。品牌商可以使用生活化的分享画面进行场景营销，不同的场景使用不同的产品，观众的代入感会比阅读文字或浏览图片更强，会有更真实的场景和故事体验。品牌或产品发布营销视频，让用户看到在现实生活中使用这个产品的好处与乐趣，将会吸引用户模仿使用和推荐，从而为产品和品牌带来更多的关注度，并直接转化为销售。另外，在抖音、快手等平台可供选择的营销方式也比较多。其中比较常见的有开机视频、信息流视频广告、植入式视频广告以及网红直播等。多样的视频营销模式让品牌方有更多的选择，极大地提高了营销效果。

四、短视频制作工具

1. 剪映

剪映——"轻而易剪"，号称"抖音官方剪辑神器"，是一款手机视频编辑工具，带有全面的剪辑功能，支持变速，有多样滤镜和美颜的效果，有丰富的曲库资源。自 2021 年 2 月起，剪映支持在手机移动端、Pad 端、Mac 电脑、Windows 电脑全终端使用。剪映的主要功能有：

(1) 切割——快速自由分割视频，一键剪切视频。

(2) 变速——0.2 倍至 4 倍，节奏快慢自由掌控。

(3) 倒放——时间倒流，感受不一样的视频。

(4) 画布——多种比例和颜色随心切换。

(5) 转场——支持交叉互溶、闪黑、擦除等多种效果。

(6) 贴纸——独家设计手绘贴纸。

(7) 字体——多种风格字体、字幕、标题任选。

(8) 曲库——海量音乐曲库，独家抖音歌曲。

(9) 变声——1 秒变"声"。

(10) 滤镜——多种高级专业的风格滤镜，让视频不再单调等。

2. 爱剪辑

爱剪辑是国内首款全能免费视频剪辑软件，支持给视频加字幕、调色、加相框等剪辑功能，完全根据用户使用习惯、功能需求与审美特点进行全新设计，许多创新功能都颇具首创性。其具有操作简单轻松、全能新高度、过目不忘的超清画质、酣畅淋漓的运行速度、影院级好莱坞特效、专业的风格滤镜效果、炫目的视频切换效果、乐趣无穷的 K 歌功能等特点。

3. 万兴喵影

万兴喵影可用于 Windows、MacOS、Android 以及 iOS 系统。万兴喵影自研特效资源，实时更新当下流行素材，包括字幕、滤镜、转场、动画、音乐等，满足视频创作者对各类应用场景的素材需求。其主要优点有：简单容易上手，官网教程丰富；软件打开的时候就可以选择 16∶9 的常规视频剪辑比例和 9∶16 的手机屏幕比例；字幕编辑简单；对电脑资源的占用少。

实训内容

(1) 以"最美校园"为主题，策划一份短视频营销方案。详细说明视频营销的创意、策略、实现手段、要素与实施细则，完成短视频营销方案策划。

(2) 完成如表 9-1 所示的短视频方案策划表。

表 9-1　短视频方案策划表

任务要求	策　划　内　容
短视频营销目标	目的是什么
短视频营销受众	受众是谁
短视频营销文案	用什么样的文章形式加以表现，其中涵盖诉求是什么，如何与内容形成紧密联系
短视频营销创意	描述视频营销的大体构思
短视频营销规格	若为视觉化表现，则具体尺寸是多少，格式是什么，需要控制的文件大小是多少
短视频营销投放位置	建议在××平台进行
短视频营销投放时间	什么时间或者什么时候进行投放
短视频营销投放区域	是否有区域性的考虑，给出原因

实战任务

用手机拍摄并制作一个"最美校园"的短视频，宣传和介绍自己的学校。作品要求如下：

(1) 作品内容以展现校园生活为主，体现专业特色，展现文明风采。作品内容积极向上、富有创意、有温度、有情怀，能够展示师生的精神风貌。

(2) 视频画面清晰稳定，无明显噪声，可配背景音乐，解说声音与背景音乐效果相匹配，声音与画面同步。

(3) 视频时长要求在 60 s 以内，视频比例不限，分辨率不低于 720 px×1280 px。

(4) 拍摄设备不限(相机、手机等设备均可)。

任务3　直播营销

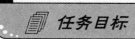

任务目标

· 知识目标：了解直播营销的概念和直播营销的特点。
· 能力目标：分析直播营销目的，对直播营销进行整体设计。
· 素质目标：通过实践，训练学生发现问题、分析问题的能力，提高其学习自主性。

案例引入

东方彩妆，花西子以花养妆

花西子开始进入大众的视野，源自一场头部主播的直播。头部主播的大力助推是花西子逐渐成为炙手可热的国产美妆品牌的直接原因。

2019 年，花西子的销售额疯狂增长几十倍，实现 11.3 亿元的成绩。该头部主播的直播间和抖音号为花西子贡献了超过 30%的流量，在"双十一"等关键节点，其直播间贡献的GMV(Gross Merchandise Value，商品交易总额)甚至占花西子总 GMV 的 60%。

2020 年，该头部主播在直播间卖花西子散粉饼，两分钟卖出 25 000 份，销售额 370 万元。有人说，花西子产品够美、踩了国潮风、会营销，所以销量好。这些都没错，但是，花西子的成功不是偶然，下面为大家复盘花西子的成长史，获取它引领国货美妆流量狂潮的密码。

在该头部主播直播间一战成名后，花西子几乎在所有主流新媒体平台全面开花，而且针对不同平台的属性和算法逻辑制订匹配的营销方法，深入开启精准的营销活动。

在明星代言和内容营销上，花西子依然专注于品牌定位，深钻一个方向迅速破圈。例如推出品牌同名古风歌曲《花西子》，收割了不少古风圈的人气。在代言人的选择上，花西子也没有偏重流量的考量，而是选择了非常符合花西子气质的超模，后期流量男团成为品牌大使，为品牌注入了更多的新鲜活力。

花西子虽然在公域的营销动作很多，但并不凌乱，品牌形象一以贯之，渗透在所有的公域宣传物料中，通过平台、人群、投放比例等精细化投放的营销方式，成功助力花西子从国货彩妆中异军突起。

随着互联网基础设施的不断完善和用户触媒习惯的转变，企业营销也逐渐由图文向视频直播模式过渡。2018年后淘宝直播、抖音、快手快速崛起，直播带货、直播营销成为风口，头部主播不断刷新成交记录。根据艾瑞调研数据显示，消费者在接触过的内容营销形式中，短视频、直播、长视频占比包揽前三，均在45%以上。在这一背景下，企业直播需求主体边界拓宽，大量传统企业和中小企业入局，借助直播营销的东风实现收入的倍增。

一、直播与直播营销

"直播"一词由来已久。广播电视词典对直播界定为广播电视节目的后期合成和播出同时进行的播出方式。按播出场合可分为现场直播和播音室或演播室直播等形式。电视现场直播指随着现场事件的发生、发展，进行同步制作和播出的一种电视节目的播出方式，是充分体现广播电视媒介传播优势的播出方式。直播在国外就是LIVE。自2000年后，随着网络时代到来，电视直播逐渐被网络直播取代，成为"直播"的代名词。可以参照传播学及电视现场直播的概念给网络直播下个简单的定义：以直播平台为载体，随着事件的发生、发展进程同步制作和发布信息，具有双向流通过程的信息网络发布方式。直播营销就是通过网络直播的方式进行营销活动，达到提升品牌影响力和销量增长的营销目的。

对于任何企业、行业来说，营销都是至关重要的，不同行业有不同的营销方式，利用直播营销可以给企业带来巨大的利益。直播营销有以下4个特点。

1. 实时性

随着智能手机和5G网络的普及，直播可以随时、随地、随心地发布信息。其与事件的发生、发展进程同步，第一时间反映现场状况，把信息即时分享给用户，全方位、详细地展示相关特性，可实现和用户时间、空间、信息的同步。

2. 互动性

互动性能够增加用户黏性，也能直接为品牌带来商业利益。直播能够帮助企业进行深入和详细的讲解，同时针对互动区用户的提问来回答。用户之间也会为直播当中的问题进行发言互动，共同探讨。这样既增强了用户的参与感，又活跃了直播间的气氛，真正实现了品牌、观众、潜在客户三者之间的深度互动。

3. 真实性

营销宣传环节中如何获得用户的信任一直是企业和品牌最头疼的问题，而直播营销正好可以解决这个问题。传统的文字、图片都已经很难取得用户的信任，至于视频，因为后期大量的剪辑，用户会把它当成是广告而难以完全相信。通过实时互动直播营销，全方位实时向用户展示品牌制造、部分生产流程、服务过程，用户对品牌的理念和细节也会更为了解，从而感受到产品和企业文化。企业自然而然地拉近了与潜在购买者的距离，逐步取得用户的信任。

4. 直观性

直观性体现在两个方面：一是用户感受直观性，产品或服务的直播可使用户感受到具体细节，具有身临其境的场景化体验，可以制造出用户沉浸感；二是营销效果直观性，直播运营团队可以在直播过程中看到实时数据，了解直播间里产品的销售情况，第一时间掌握营销效果。

二、直播营销的方式

直播营销的方式很多，企业在策划直播方案前，需要根据营销目的，选择最佳的一种或几种营销方式。

1. 品牌＋直播＋明星

"品牌＋直播＋明星"在企业直播营销的所有方式中，属于相对成熟、方便执行、容易成功的一种方式。明星经常会占据娱乐新闻头版，明星的一举一动都会受到粉丝的关注，因此当明星出现在直播中与粉丝互动时，会出现极热闹的直播场面。品牌想要增加试水直播的安全系数，当然首选这种方式。

某男明星在淘宝直播推荐奶粉品牌"惠氏启赋"，60 分钟的直播达成超过 120 万人民币的交易量，直播期间单品转化率高达 36%，是日常转化率的 7 倍之多。

第 69 届戛纳国际电影节中，欧莱雅在美拍的"零时差追戛纳"系列直播，全程记录了明星在戛纳现场的台前幕后，创下 311 万总观看人次数、1.639 亿总点赞数、72 万总评论数等数据。其带来的直接市场效应就是，直播 4 小时之后，明星同款色系 701 号 CC 轻唇膏欧莱雅天猫旗舰店售罄。从欧莱雅在美拍的直播可看到，直播对于品牌来说有强大的导流能力，可实现效果营销，而媒体更乐意将直播当作获取受众的新兴渠道。对于明星和网红而言，直播是与粉丝互动，让粉丝了解自己另一面的新方式。

2. 品牌＋直播＋发布会

发布会是企业在一般情况下推广新产品所使用的方式，也让粉丝期待。现在直播平台上的发布地点不再局限于会场，互动方式也更多样有趣。企业通过"品牌＋直播＋发布会"进行产品的营销活动，在宣传新品的同时也达到与观众互动的目的。2020 年 2 月，雷军在小米办公室里，通过十几家视频网站和手机直播 App，首次以纯线上直播的方式发布了其传闻已久的无人机。当天 19 点 32 分，雷军正式上线，仅小米直播 App 中，同时在线人数一路飙升，到发布会临近结束时已经超过 50 万。新浪的某次直播同时在线人数更是一度超过 100 万。在品牌直播发布会上，观众可以直接看到产品的性能以及使用效果，让观众看到产品确实能满足他们的需求，也可为企业在消费群体中带来极大的信誉。

3. 品牌＋直播＋企业日常

直播可以让企业多角度向消费者展示企业、展示品牌。多数消费者也对产品幕后的"企业日常"非常感兴趣。所谓的"企业日常"包括企业制定新品的过程、研发产品的过程、企业生产产品的过程等,甚至企业开会的状态、员工的工餐都能吸引消费者的兴趣。为了宣传新一代 Mini Clubman,宝马 Mini 联手《时尚先生 Esquire》杂志在映客上连续 3 天直播了时尚大片的拍摄现场,直播的主角就是宝马 Mini 经过重重严格筛选后的四位男明星。宝马是首个将拍摄片场进行视频直播的品牌,在最终的直播中,映客上有 530 多万人次在线观看。

4. 品牌+直播+电商

直播的出现为传统电商提供了更好的流量,促使其从产品导购向内容导购转型。若电商平台再别出心裁,融入一些营销创意,那么必将为平台找到新的流量大入口。天猫电器城联合品牌方在天猫推出了"小二直播"。这些"小二"只是品牌商家的员工而已,并非明星、网红,但在 3 个小时的直播中,也吸引了超过 120 万人次观看,2 万名以上的消费者参与了互动和品牌问答。

三、直播营销"五步法"

一场直播活动不是简单地对着镜头说话、带货,而是有着非常明确的营销目的。通常,策划一场直播营销的流程主要包括以下五大环节。

1. 整体思路

直播营销策划的第一大环节便是明确整体思路。在准备直播营销策划方案前,必须先厘清整体思路,然后有目的、有针对性地策划与执行。直播营销的整体思路设计需要包括 3 部分,即目的分析、方式选择和策略组合。

对于企业或品牌而言,直播只是一种营销手段,因此企业或品牌直播营销绝不是简单的线上才艺表演或互联网游戏分享。任何一场直播营销都必须围绕营销目的展开,直播营销目的可以通过产品分析、用户分析和营销目的 3 个方面提炼出来。产品分析包括产品形状、产品功能、主要功能、产品属性、构成成分等。用户分析包括用户属性分析和用户行为分析。营销目的包括提升企业品牌形象、促进产品销量、提高市场占有率、引流涨粉等。

方式选择是在确定直播营销目的后,需要根据企业或品牌的特性,选择一种或多种直播营销方式。

策略组合是在选择好营销方式后,需要对场景、产品、创意等模块进行组合,设计出最优的直播策略。

2. 策划筹备

俗话说"兵马未动,粮草先行"。首先,需要将直播营销方案撰写完善;其次,在直播开始前,将直播过程中用到的软硬件设备测试好,并尽可能降低失误率,防止因筹备疏忽而影响直播效果。为确保直播当天的人气,还需要对此次直播活动提前进行预热宣传,鼓励粉丝提前进入直播间,静候直播开场。

3. 直播执行

直播营销的第三大环节是直播执行。前期的策划筹备是为了确保现场执行流畅。因为对于观众而言,只能看到当时的直播现场,无法感知前期的策划筹备。

　　为了达到预期的直播营销目的和效果，主持人及现场工作人员需要尽可能地按照直播营销方案将直播开场、直播互动、直播收尾等环节顺畅地推进，最终确保直播的顺利完成。

4. 二次传播

　　直播营销的第四大环节是二次传播。直播结束并不意味着营销结束，这时需要将直播涉及的图片、文字、视频等内容进行再次剪辑、包装、加工，通过互联网进行二次传播，让未观看现场直播的粉丝也能看到，使直播效果最大化。

5. 复盘总结

　　直播营销的第五大环节是复盘总结。直播二次传播完成后，需要进行直播营销复盘。一方面统计直播数据，并与之前的营销数据进行比较，判断此次直播营销效果；另一方面组织团队讨论，总结本场直播的经验与教训，做好团队经验备份。每一次直播营销结束后的总结与复盘，都可以为下一次直播营销提供优化依据或策划参考。

四、直播营销相关法律法规

　　直播营销发展迅速，在促进就业、扩大内需、提振经济等方面发挥着积极作用。《中国互联网络发展状况统计报告》显示，截至 2022 年 6 月，我国网络直播用户规模达 7.16 亿。作为数字经济迅猛发展背景下的一种具体表现形式，法律应当对其予以关注，以促进其健康发展。由于法律监管规范缺位，导致相关主体的违法违规行为比较突出。比如，直播营销人员言行失范，利用未成年人直播牟利，平台主体责任履行不到位，虚假宣传和数据造假，假冒伪劣商品频现，消费者维权取证困难等。国家网信办、公安部、商务部、文化和旅游部、国家税务总局、国家市场监管总局、国家广电总局等七部门，联合发布《网络直播营销管理办法(试行)》(以下简称《办法》)，自 2021 年 5 月 25 日起施行。

　　《办法》具体规定了直播营销平台的职责与义务：提出事前预防，要求平台对粉丝数量多、交易金额大的重点直播间，采取安排专人实时巡查、延长直播内容保存时间等防范措施；注重事中警示，要求平台建立风险识别模型，对风险较高和可能影响未成年人身心健康的行为，采取弹窗提示、显著标志、功能和流量限制等调控措施；强调事后惩处，要求平台对违法违规行为采取阻断直播、关闭账号、列入黑名单、联合惩戒等处置措施。这些措施压实了直播营销平台的责任。

　　《办法》针对各参与主体，进一步明确并压实了各方责任，对直播间运营者和直播营销人员的行为规范和责任作了明确规定，要求从事网络直播营销活动的主体应当遵守法律法规和国家有关规定，遵循社会公序良俗，真实、准确、全面地发布商品或服务信息，并且规定了禁止从事的具体事项，有助于规范相应从业人员的直播营销行为。

　　《办法》的出台，将进一步规范网络市场秩序，维护群众合法权益，促进新业态健康有序发展。

　　(1) 假如你喜欢街舞，现在尝试直播形式，试问直播什么样的内容有可能让你成为"网

络红人"，为什么？

(2) 结合直播五步法，为直播进行直播目的、直播策划(平台选择、软件、预热)、后期宣传(广告设计)的策划。

浙江对口扶贫产品中，有来自对口扶贫地区四川仪陇县秦巴山区的客家五香牛肉、有用传统技术发酵而成的银明特酿醪糟，也有精选农家土鸡蛋蛋黄和优质猪肝卤制而成的蛋黄凤眼猪肝等。

任选一件产品，提炼产品卖点，选择合适的直播互动方式，设计一场 5 分钟以内的直播秀，包括直播开场的介绍、直播商品的讲解、弹幕问题的回答、直播节奏的把握、直播的语气及直播收尾等。要求 5 分钟内保持直播效果不间断，直播内容涉及产品的分析、互动方式的选择、单品脚本的撰写、主播与助播现场的直播能力、现场场景的布局、直播道具的准备、精准扶贫的意义等多方面内容。

茶 与 艺 术

自古以来，种茶、制茶、泡茶、品茶均被认为需要高度技艺。当代中国人将有关的技艺称为茶艺。同时，历朝历代也涌现出大量与茶有关的艺术作品。

茶之为物，产自崇高的山，吸收天地的灵气，还必须配上清洁的流泉。所谓仁者爱山，智者爱水，古人的一杯茶包含中国文人、哲人深爱的天、地、山、水、仁、智。

茶与艺术

茶艺就是"茶"和"艺"的结合，茶艺就是将日常的饮茶引向艺术化，提升品饮的境界，赋予茶艺更强的灵性和美感。茶艺是一种生活艺术，茶艺多姿多彩，充满了生活情趣，丰富了我们的生活，提高了生活品位，是一种积极的生活方式。茶艺是一种舞台艺术，要展现茶艺的魅力，需要借助人、舞台、道具、灯光、音响、字画、花草等密切配合，给饮茶人以高尚、美好的享受，给表演带来活力。茶艺是一种人生艺术，人生如茶，在繁忙之中，泡一壶好茶，细细品味，感悟苦辣酸甜的人生，使心灵得到净化。

项目十　微商城运营

学习提示

　　本项目通过有赞商城的"微商城运营"操作，让学生学会店铺管理、订单管理、营销管理、物流管理、客户管理等，主要使学生学会在微商城运营中设置各功能模块。实战中会遇到更多的运营问题，需要边实践边思考。

微商城运营

学习重点

　　掌握运营管理中各功能模块的设置。

学习难点

　　掌握店铺管理、订单管理、营销管理、物流管理、客户管理等运营管理。

任务1　店铺管理

任务目标

- 知识目标：了解店铺管理的主要内容。
- 能力目标：能根据需求完成店铺管理设置。
- 素质目标：提升自主学习、解决问题的能力。

案例引入

"良品铺子"如何布局私域流量？看看这家国民零食品牌的硬核操作

　　2012 年，在众多零售商家还在考虑要不要开拓电商渠道时，"良品铺子"就已经倾注其中，并利用 2013 年的电商流量红利，获得了爆炸性增长。

随着流量成本越来越高，"良品铺子"开始考虑对数据私有化的掌控，迫切需要建立自己的私域流量池。

把线上的经营、线上的服务、线上和消费者的沟通能力融入全网的每个渠道里，做成基础建设，这得益于良品铺子良好的私域流量体系布局。即使面临线下场景被阻断，它们也能通过线上营销迅速找回客户。

★ 8000 万私域流量池，直接触达消费者

截至目前，"良品铺子"全渠道会员突破 8000 万，覆盖 2400 多家线下门店、电商平台、微信小程序、自营 App 等多个渠道。

借助有赞店铺，"良品铺子"不仅可以用自己的渠道去触达消费者、与消费者进行充分互动，同时还为消费者提供了分销、拼团等各种互联网新方法。

★ 结合私域流量，门店也有了数字化能力

"良品铺子"有 2400 多家门店。私域流量的建立，帮助"良品铺子"在门店周边高效地进行线上获客、流量转化、持续运营、提升复购率。

相对于其他以线下门店为主的零食品牌，"良品铺子"门店也因此具备了数字化能力。会员积分兑换、会员福利发放、新品预售、市场调研等其他传统线下门店无法完成或需要投入大量成本才能完成的功能，都可以通过有赞小程序商城轻松实现。

2019 年 4 月，"良品铺子"全新五代店在武汉和成都亮相。五代店有以下特点：一是强化品类特性和场景感；二是传达品牌气质和调性；三是突出高品质零食的特性，从陈列整理上淡化商业感，营造沉浸式购物体验氛围；四是增加消费者服务体验。这些调整的核心是符合不同场景下的消费需求，如宅在家中、外出旅行、馈赠亲友等。

同年，"良品铺子"又提出了高端零食战略定位。这也意味着，"良品铺子"从品牌定位、产品研发、营销活动、门店视觉体现等都要向更高的标准看齐。

知识准备

微商城支持全渠道店铺运营管理，以有赞商城为例，打通的平台有移动商铺、微信小程序、百度小程序、支付宝小程序、QQ 小程序等。微信彻底开放后，小程序反向接入电商平台，公域私域流量将会被彻底打通。

一、移动店铺如何将店铺或商品分享到朋友圈

1. 手机获取店铺信息或商品信息

1) 找到店铺主页链接路径

登录有赞商城电脑端后台，依次选择店铺→移动店铺→访问店铺。

2) 店铺主页小程序二维码路径

登录有赞商城电脑端后台，依次选择店铺→小程序店铺→店铺主页→访问小程序

店铺。

3) 店铺商品链接/二维码路径

(1) 登录有赞商城电脑端店铺后台，依次选择商品→出售中的商品→推广商品。

(2) 手机微信打开扫一扫功能。

(3) 扫码之后，进入商品页面。

2. 将内容分享到朋友圈

(1) 点击商品页面右上角的"分享"按钮。

(2) 写一些想说的话，分享到朋友圈或直接发送给朋友。

二、微信小程序授权发布教程

1. 功能介绍

将小程序授权给有赞，有赞会自动生成店铺小程序，并提交给微信审核。

2. 功能路径

登录有赞商城电脑端后台，依次选择店铺→小程序管理→微信→微信小程序。

3. 操作流程

(1) 如果商家已经有微信小程序，则点击小程序页面中的"授权微信小程序"按钮，用小程序管理员的微信进行扫码授权即可；如果没有小程序，则需要先注册小程序账号，然后再回到该页面进行授权，如果在授权之前还没有做店铺认证，需先完成店铺认证之后再做授权，如图 10-1 所示。

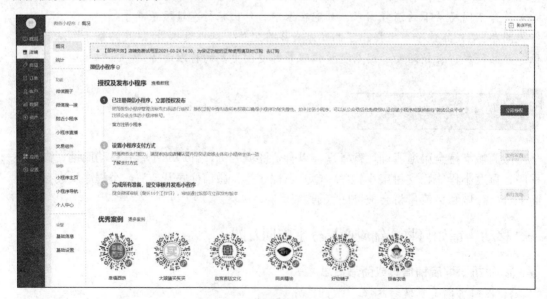

图 10-1　授权发布小程序

(2) 完成小程序授权后，设置小程序的支付方式为微信支付。

(3) 完成支付设置后，在通用设置页面发布小程序，并等待微信审核(预计 14 个工作日内完成审核)。

(4) 通过微信审核后的后台状态如图 10-2 所示。

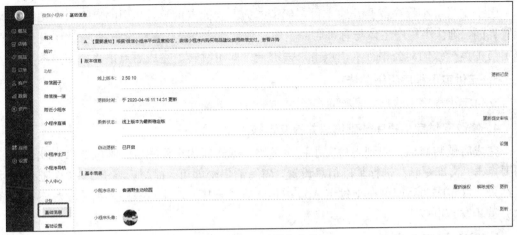

图 10-2　通过微信审核

三、支付宝小程序代注册入驻教程

支付宝小程序创建发布流程如图 10-3 所示。

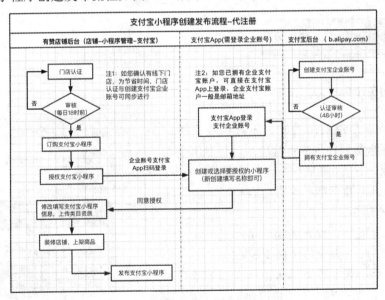

图 10-3　支付宝小程序创建发布流程

如果还没有企业支付宝账户(一般为邮箱地址账户),则需要创建账户;如果已有企业支付宝账户,则可在支付宝 App 上登录。

开通路径:登录有赞商城电脑端后台,依次选择店铺→支付宝。

1. 有赞后台发起创建并授权

登录电脑端有赞商城电脑端后台,依次点击页面左侧边栏→店铺→小程序管理→支付宝小程序,支付宝小程序需要进行门店认证,具体可查门店认证操作流程。

授权及发布支付宝小程序分为授权绑定、配置支付方式和提交审核三步。

2. 支付配置

由于支付宝小程序需要开通支付宝代销能力，因此点击第二步中的"查看"按钮进入配置界面，确认小程序主体与有赞店铺主体一致后点击"提交支付宝审核"，注意此处需要绑定与主体一致的对公银行卡，点击"去绑卡"即可跳转，完成后点击"提交审核"。

3. 支付宝小程序店铺装修

支付宝小程序上线前，需要进行店铺装修和上架商品。

4. 修改支付宝小程序基础信息并提交审核

完成店铺装修后，回到支付宝小程序模块，创建新的小程序后，基础信息为默认值，需要点击"立即更新"进行基础信息设置，填写后提交即可。提交后将于1～7个工作日反馈结果，发布成功后即可在支付宝 App 中搜索到小程序，若审核失败，则需按对应问题修改并重新发布审核。

5. 发布审核

完成店铺装修后，回到支付宝小程序模块，进行发布，并提交审核，提交后将于1～7个工作日反馈结果，发布成功后即可在支付宝 App 中搜索到小程序。若审核失败，则需按对应问题修改并重新发布审核。

实训内容

一、下载"微店" App

微店的特点是进入门槛低、无需企业资质认证，可利用网络货源和供应链管理来进行专属个人的网络微创业。下载"微店" App 的操作步骤如下：

(1) 在手机上面下载一个微店客户端，进行注册，如图 10-4 所示。

(2) 注册完成后，设置店铺名字，根据实际情况开通担保交易、7 天无理由退货等功能。

(3) 完成后，需要设置一张银行卡绑定微店账号。微店有 3 种支付方式：一是担保交易，这个钱是要消费者确认收货，或者 7 天后自动提现到银行卡；二是直接到账，这个由消费者选择，通过微店购物后，钱会直接打到商家卡里；三是货到付款。目前微店不介入买卖双方的售后纠纷。

店铺设置完成后，剩下的就是寻找货源、上传产品图片了。产品图片可以在移动端中添加，也可以用电脑网页版进行添加。

图 10-4　下载微店客户端

二、将店铺或商品分享到朋友圈

微店不仅可以直接利用网络货源，也可以通过"淘宝搬家"快速完成产品的上传。完成店铺设置后，将店铺或商品分享到朋友圈。

有赞商城有一套完整的用于在线开店、客户管理和推广营销的开店工具，但对于零基础的学生来说还是需要学习其开店流程，如图 10-5 所示。

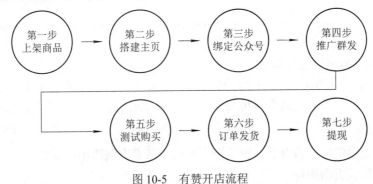

图 10-5 有赞开店流程

1. 上架商品

(1) 依次点击商品→发布商品，然后编辑基本信息，如图 10-6 所示。

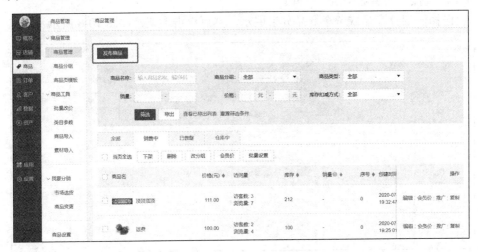

图 10-6 编辑发布商品信息

(2) 选择商品类型，输入商品名称和价格，并上传商品图片(推荐尺寸 800 px×800 px)，每个商品图片的大小尺寸要一致，这样展示出来才会美观。

(3) 编辑商品详情后，点击"保存并查看"，商品即创建成功。

如果商品较多，可以设置商品分组，操作步骤如下：

① 依次点击商品→商品分组→新建商品分组，如图 10-7 所示。

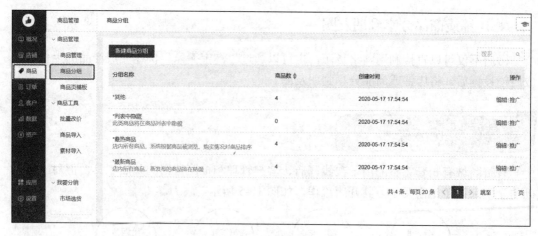

图 10-7　新建商品分组

② 输入分组名称，进行保存。

③ 在商品管理页面，勾选商品后滑动到页面最下方，选择修改分组，选定分组后点击保存，这样商品就在设置的分组里面了。

2. 搭建主页

选择容易上手的店铺微页面，即店铺主页模板或者有赞微小店模板。

店铺主页模板页面操作步骤如下：

(1) 点击新建微页面，选择店铺主页模板，可更换背景颜色。

(2) 可以自主选择链接到需要进入的页面，如商品分组或者公司介绍等；也可以只放置图片不做链接，或将这个组件删除。

(3) 选择一部分商品或一个商品分组展示，然后点击上架，如图 10-8 所示。

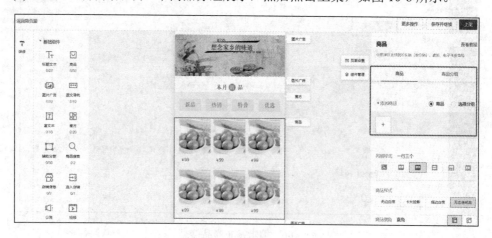

图 10-8　商品上架

(4) 点击"推广"按钮，即可扫码预览商城。

点击蓝色字"设为主页"，可设置店铺 H5 主页、微信小程序主页和百度小程序主页。

3. 绑定微信公众号

(1) 依次点击应用→销售渠道→微信公众号，如图 10-9 所示。

图 10-9　绑定微信公众号

(2) 点击"绑定微信公众号",用已有微信公众号管理员的微信进行扫码绑定。

(3) 返回上一页面,点击"已成功设置"。

4. 推广群发

方式一:可将创建好的商品发送到朋友圈或者微信好友群,让大家浏览。

方式二:编辑好推广商品的图文进行微信公众号图文群发,路径为依次点击应用→销售渠道→微信公众号→消息群发,可选择发送的形式。

选取微信图文并发送(目前只支持群发微信图文),点击"选取"按钮选择要发送的微信图文。

编辑完后,可选择"立即群发""群发预览"或"定时群发",如图 10-10 所示。

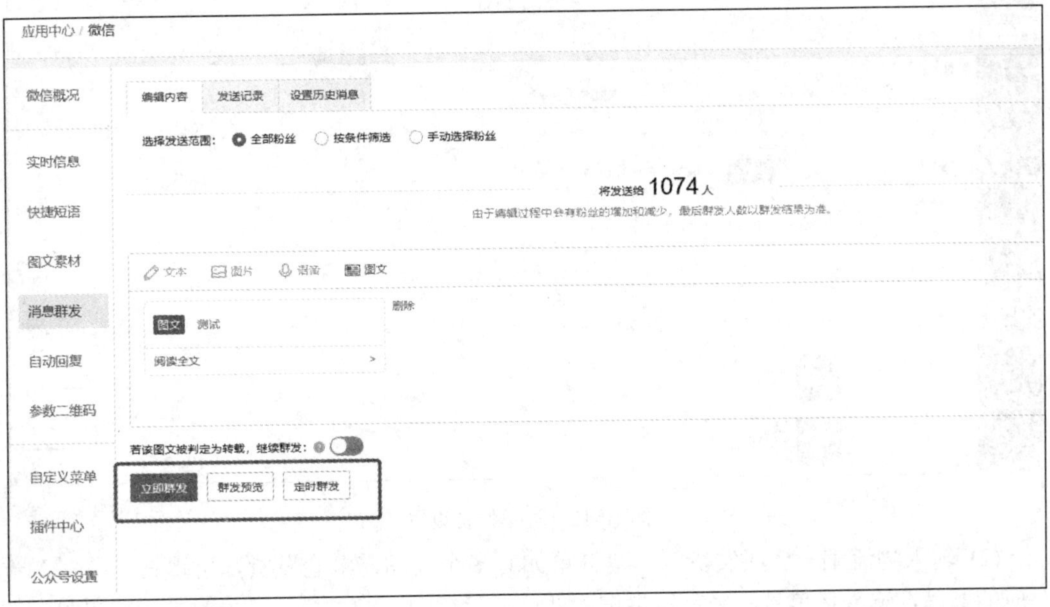

图 10-10　群发效果

5. 测试购买

将推广的商品下单，体验整体下单流程，如图 10-11 所示。

图 10-11　体验整体下单流程

6. 订单发货

(1) 登录商家店铺后台，在订单栏中，找到待发货的订单并点击"发货"按钮，如图 10-12 所示。

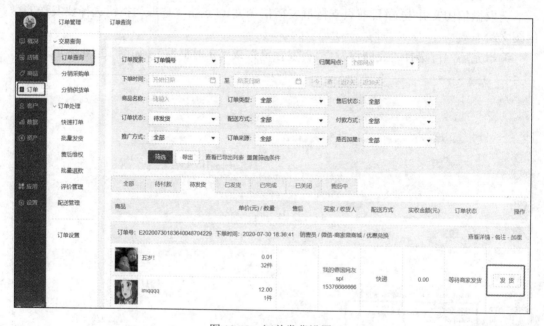

图 10-12　订单发货设置

(2) 输入物流编号完成发货。一笔订单如有多个商品需多仓发货，可以在发货时勾选对应的商品，输入运单号，确定后再进入订单发货页面，输入另外一个商品的运单号，即可实现多仓发货。

7. 提现

订单交易完成即可提现，默认订单完成时间为发货 7 天后，消费者也可主动确认收货。提现路径为：登录有赞店铺后台，依次选择资产→店铺余额→提现。

任务 2　营销管理

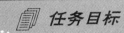

- 知识目标：了解微商城平台提供的各种营销工具，并掌握各种营销方法。
- 能力目标：能根据实际情况选择合适的营销工具和营销方法。
- 素质目标：提升自主学习、独立思考的能力。

坐拥 60 万会员的它，如何利用微商城连锁增加线上分销渠道？

"七彩摇篮"品牌创立于 2011 年，专注于 0～14 岁儿童的产业链延伸，产品包括童装、童鞋、亲子装、家居服及配饰等，近 500 家门店已遍布全国十几个省市，下属员工超过上千名。

★ 千亿童装市场未来可期，如何提升品牌实力

2018 年，"七彩摇篮"开始使用有赞微商城，2020 年年初新增了微商城连锁店铺，全力打通线下门店对应的线上网店，力求在私域流量领域和分销推广业务上进行深入的精细化探索。

当谈到这次线上转型时，运营负责人分享了团队的考虑。

1. 现状

(1) 近些年，儿童品类消费在四、五线城市的规模增长非常快，远远超过二、三线城市。

(2) 随着生育政策的开放和消费升级，童装市场规模预计很快会突破 2000 亿元，单做线下已无法满足品牌升级需求。

(3) 品牌以往在线下门店沉淀了近 60 万会员和上亿积分，调动老客户的活跃度和消耗积分的积极性相当重要。

(4) 不同门店所拥有的客户群、产品有很大区别，线上的运营模式、活动也需要差异化开展。

2. 针对性的解决办法

(1) 团队发展出了直营、联营、加盟及奥莱特卖渠道 4 种模式，迅速扩大品牌的城市覆盖率和影响力。

(2) 在 2018 年开启线上业务，布局新零售，并在 2020 年年初使用微商城连锁，构建

自己的私域流量。

(3) 打通线上线下会员，方便总部全面掌握会员信息，再通过人群运营、积分商城等功能，为会员消耗积分提供更多方法。

(4) 为每个门店赋能，开通独立网店，借助销售员功能推进线上分销，并计划在线上开展个性化的装修和营销活动。

★ 多类网店同步推广，打造差异化活动

在多年线下门店的运营过程中，"七彩摇篮"总结了核心客户群的特点：

(1) 以年轻父母为主，具有较高的品牌认可度，一旦喜欢上某类设计理念、款式搭配，后续会持续复购。

(2) 消费观念逐渐偏向理性，很多人对促销秒杀、爆款特卖等活动会长期保持关注。

(3) 有很强的线上消费习惯，尤其会受亲朋好友的推荐影响，对于线上凑单、团购等优惠活动参与度高。

其营销方法有以下几种。

1. 分类运营线上商城

1) 总部直接运营

(1) 团队之前就在使用有赞微商城，对店铺进行重新装修，调整为"特卖商城"，主打往季货品特卖，吸引对价格敏感度高的消费者光顾。

(2) 新增了微商城连锁店铺后，为直营的每个分店构建"官方微店"，由总部统一管理，并开设各类专区，如"小七种草社"里的大都是日常畅销货品，主打好物不贵；与线下门店分区一样，在店铺里设置6个产品线内容，主打潮流搭配，方便消费者按个人需求自行匹配，快速选货、下单。

2) 分店自行管理

为有需要的联营商、加盟商开通网店，并开放部分分店管理权限，方便他们自主开展运营活动和线上分销。

2. 坚持与门店联动

利用每个门店都有独立网店的便利，让消费者在门店晚间打烊、特殊情况闭店期间都能在线上购物，并提供上门自提和同城配送服务，优化售后服务。

3. 持续打磨"造节"活动

(1) 每月留出固定时间，专门为官方微店上新使用，便于推广新品、特殊商品、电商专供款等，还可以为节假日活动引流。

(2) 选取每月1—11日为特卖商城打造专属的秒杀节日。

4. 鼓励全员分销

(1) 通过销售员功能，让门店导购成为线上分销的主力军。

(2) 招募忠实老客户，通过为老客户设置可观的佣金提成、提供培训、额外奖励等支持，使推广团队的规模得到扩大。

5. 企业微信＋直播＋社群营销

(1) 借助企业微信和有赞销售助手功能，统计各个社群的推广数据，为导购分销提供科学的分析和更细致化的改进。

（2）开始尝试直播，结合会员社群做转化，尤其在大力度活动上线后，及时在社群里转发、触达，对提高老客户复购有很大的帮助。

一、各类营销活动叠加汇总

有赞微商城有多人拼团、销售员、团购返现、礼品卡、心愿单、砍价0元购、多网点、优惠券、限时折扣、订单返现、优惠码、降价拍、秒杀、支付有礼、优惠套餐、满减/送、打包一口价、会员储值等上百种营销方法，商家需要根据实际情况选择合适的营销活动或活动组合。

二、营销活动应该如何开展

1. 分析活动项目

在做微商城营销活动之前，要对活动项目进行分析。首先，要对所在行业和用户进行分析。了解市场环境和用户需求是进行营销活动最基本的条件；其次，了解同类行业商家的营销活动，对开展营销活动也是很有帮助的。

2. 产品定位

做活动之前，一定要对产品有一个清晰的定位。如果产品定位都不清晰，更谈不上用户定位了。清晰的产品定位，能够在宣传的时候更突出产品的特点和优势，更容易吸引用户。

3. 产品展示

如果是线下产品展示，只需要把东西摆放好就行了。但是在做微商城活动的时候，一定要做好产品图片。这个时候，图片就是展示产品的"场所"。把图片做好，才能吸引消费者点击。

4. 多种方式推广

做微商城除了要依靠传统的广告推广之外，还要学会借助消费者的力量进行推广。像闺蜜价、拼团价等方式都是吸引消费者进行推广的方式。学会通过消费者的力量去推广商品，是做好微商城营销的关键。

三、商家可以通过哪些方式营销

1. 娱乐+购物的营销模式

人们总是喜欢游戏等娱乐方式，购物也是人们必需的，然而单纯的游戏或者单纯的购物往往会使人们产生审美疲劳。如果两者结合起来，那么人们就可以在娱乐中购物，在购物中享受娱乐，这是一个相对完美的体验，既可以说是娱乐体验，也可以说是购物体验。

2. 设置多样的福利

在经营过程中，商家可以在微商城中设置各种福利，福利的样式与种类繁多，让消费者能够体验多种福利。人们总是喜欢一些新鲜的福利，多种新鲜的福利可以吸引消费者愿意参与其中。其实这是提升消费者体验的关键，创意始终是人们关注的重点，因此商家借助微商城的多样化福利设置，可以吸引更多消费者光顾。

3. 采取抽奖模式带动分销

人们总是会对中奖感兴趣，这是一个让人获得大量福利的好机会。商家借助抽奖活动来激励人们参与其中，带动人们不断分享，以获得更多的抽奖机会。比如，只要拉进 10 人参与，就可以多获得一次抽奖机会，这样就可以不断地产生裂变式宣传。这样的营销策略可以吸引更多的消费者成为微商城的会员。

4. 打造会员活动

作为商家，利用微商城来拉人办会员卡，然后设置会员日优惠，开展当天购物"满100减20"的活动会吸引更多消费者参加。借助会员日活动，商家也可以成功拉新。

5. 打造营销热点

有赞商城设计的 2022 年 1 月营销热点，包括 1 月 1 日元旦、1 月 10 日腊八节、1 月 17 日至 1 月 28 日年货节和 1 月 31 日除夕营销活动。

下面以腊八节营销活动为例，其腊八节海报如图 10-13 所示，关键词为"腊八粥""过了腊八就是年"，营销建议如下：

(1) 全品类。全品类商家可以以"过了腊八就是年"为主题，开展年前狂欢大促，推出全场商品超低折扣的活动，用超值优惠吸引顾客进店消费。

(2) 食品百货类。食品百货类商家可以结合腊八节喝腊八粥、吃腊八蒜、制作腊八豆腐等民俗，对相应食材进行促销，营造节日氛围；同时可以开展充值送优惠券的活动，引导顾客积极充值，以此提升门店销售额。

(3) 餐饮类。餐饮类商家可以推出腊八全家福套餐等，用节日低价吸引顾客进店；针对尚未入会的顾客，还可推出办理会员送腊八套餐等活动，吸引更多顾客入会。

(4) 母婴亲子类。母婴亲子类商家可在店内举办腊八故事会、画腊八粥等节日趣味活动，营造出寓教于乐的氛围，吸引家长带着孩子进店参与。

图 10-13　有赞商城腊八节海报

小店海报有各式各样的海报模板风格，适合不同行业的商家使用，无论是用在节日热点、促销活动还是对外宣传，都能找到合适的那一款。

下面以有赞商城为例介绍优惠券使用教程。

登录有赞商城后台，依次选择应用→营销玩法→优惠券→新建优惠券。

1. 编辑优惠券基础信息和领取基本规则

可以选择满减、折扣或随机金额 3 种类型的优惠券，进行定向营销。

(1) 满减券：如满 100 元减 20 元优惠券，便于合理控制活动成本。

(2) 折扣券：如满 100 元打 8 折，可提高店铺销量及客单价。

(3) 随机金额券：如满 100 元减 1~10 元，可增加活动趣味性。

标有红色星号的条目为必填项目，优惠券创建完成后，使用门槛、优惠内容、用券时间、领取人限制、每人领取次数、其他限制不支持修改。

折扣的优惠券支持设置优惠上限额度。例如，优惠券是 9 折券，最多优惠 100 元。

创建满减券、折扣券、随机金额券、商品兑换券时，可选择固定用券时间和生效时间，即领券 x 天后生效、有效期 y 天，其中 x 和 y 可设置 1~1000 的正整数。例如，设置领券 2 天后生效且有效期为 2 天，消费者在 5 月 21 日 14:00 领取优惠券，则该优惠券的可用时间为 5 月 23 日的 00:00:00 至 5 月 24 日的 23:59:59。

优惠券叠加仅在原价购买时可用，如果商品参与了其他营销活动，如限时折扣、团购等，则优惠券不可用。

2. 更多设置

点击"更多设置"，可隐藏推广链接及自定义过期提醒时间。

(1) 隐藏推广链接。"隐藏设置"选项开启后，优惠券操作项无"推广链接"，避免了链接泄露的问题，但仍可通过会员营销活动配置发放此优惠券(如满减送、会员卡、发券宝等)。

(2) 过期提醒。支持商家自定义选择 1~14 天的提醒时间。建议商家合理选择天数，以达到促进消费者购买的目的。

3. 卡券同步设置

在创建优惠券时，编辑页面下方有卡券同步设置，店铺公众号无须申请开通微信卡券功能，可直接通过有赞微商城公众号生成微信卡券，审核通过后消费者可领取该优惠券并添加至微信卡包。

4. 已创建优惠券查询

点击"活动状态"可查看具体的活动时间。可以根据优惠券名称、优惠券类型及优惠券状态进行搜索。

(1) 点击"已领取"或"已使用"，可跳转至已领取或使用用户列表页面。

(2) 点击列表页的客户名称，可跳转至客户详情页。

(3) 点击"效果数据"，可以查看使用优惠券产生的成交额和客户数量。

实战任务

一、打造营销热点

年货节时间为 1 月 20 日至 1 月 27 日，关键词为年货/购物，海报如图 10-14 所示。

图 10-14　有赞商城的年货节海报

营销建议如下：

(1) 全品类。全品类商家可以开展积分兑换活动以回馈门店会员，引导消费者到店消耗积分，增强消费者黏性。同时还可利用消费者喜欢抽奖的心理，推出购物小票抽奖的活动，促进消费者消费。

(2) 食品百货类。食品百货类商家可以根据人们在春节拜年做客的习俗，开展各种拜年礼品的促销优惠活动，如年货商品限时折扣、全场消费满减等。还可以推出各种组合套餐，搭配好拜年礼品，不仅能为消费者提供便利，还能让消费者一次性购买更多商品，以此增加门店销售额。

(3) 美妆类。正值年前购物热潮，美妆类商家也可顺势推出新年妆容教程，并结合教程，以"新年爆款"为卖点，对店内的美妆产品进行促销。

(4) 服装服饰类。此类商家可以以"迎新年，穿新衣"为主题，开展年前的最后一波促销。同时做好店内商品的陈列，重点展示带有新年元素的商品，让消费者更有购买欲望。

为你的店铺打造应景应节的营销热点，制作营销海报。

二、设置营销工具

根据需要，在砍价 0 元购、礼品卡、心愿单、限时折扣、订单返现、降价拍、秒杀、支付有礼、优惠套餐、满减/送、打包一口价、场景营销等营销方法中选择一种或多种工具进行设置。

任务3　物 流 管 理

 **任务目标**

- 知识目标：了解物流的定义，以及物流与快递的区别。
- 能力目标：掌握运费模板设置；能完成货物发运。
- 素质目标：提升自主学习、独立思考的能力。

案例引入

京东物流的未来：比别人快三个"半步"

第一个半步，用大数据革新供应链。

京东物流的下一步战略就是搭建全球智能供应链基础网络(GSSC)，在全球范围内进行采购、生产、设计、物流等全链条的优化，依靠技术和模式创新实现商流、物流、资金流、信息流的贯通等，提升整个社会的供应链效率，将社会化的物流成本降到5%以内。

在京东大数据的支撑下，企业在京东上可以准确知道销售预测、排厂生产、智能分仓、入库调拨、补货计划、上游采购，排产和备货也能更精确，减少资源浪费。下游的区域仓、前置仓、下沉仓仓储物流可以按照订单提前布置销量。

京东"亚洲一号"智能仓如图10-15所示。

图10-15　京东"亚洲一号"智能仓

第二个半步，用智能物流重塑城市。

在未来的智能城市中，人流、物流、资金流、信息流都可以被精确计算。京东物流和研究机构、政府部门合作成立的城市智能物流研究院的目的便是共同在城市之中探索新的物流形态。

比如说，在空间层面实现立体化，建立地下轨道物流、公路物流，甚至和市政综合管廊结合的地下廊道物流，大规模将城市空间让渡给生活使用。

第三个半步，用跨境能力连接海内外。

按照京东物流的规划，未来将为跨境电商企业提供自营式、全链路的服务，通过设立海外仓、开通跨境专线、采用智慧化多式联运等方式，缩短全球商品的"距离"，实现 48 小时中国通达全球、48 小时各国本地交付的双向通路网络。

最近几年来，在行业纷纷效仿、追赶京东的自营物流时，京东又开始想着做智能供应链、城市智能物流以及跨境物流。通过提前布局未来 20 年的物流，为自己的核心竞争力打基础，始终保持着自身物流的优势。京东，再一次比别人快了半步。

一、物流的定义

中国国家标准《物流术语》对物流的定义是，物流是物品从供应地到接收地的实体流动过程，根据实际需要，将运输、储存、装卸、搬运、包装、流通加工、配送、信息处理等基本功能实施有机结合。电子商务使用网络传递商业交易活动中的信息流、商流、资金流，除了能够在网络中直接传输数字化产品如音乐、视频、电子书、软件等商品或服务产品之外，实体商品最终完成交易还需要实现物品从供应地到接收地的流动。所以说，电子商务的发展离不开物流的支持，物流体系的发展和电子商务的发展形成了相互促进的关系。网络的发展促进了物流网络的信息化，物流大数据对物流网点设置起到指导作用，电子商务的发展为物流企业规模化经营创造了有利条件，推动了物流信息化的发展。

根据物流的定义，物流的功能要素被归纳为以下几方面。

1. 运输功能

运输是物流各环节中最重要的部分，是物流的关键。运输一般分为输送和配送。有人将运输作为物流的代名词。运输方式有公路运输、铁路运输、船舶运输、航空运输、管道运输等。没有运输，物品只能有存在价值，却没有使用价值，即生产出来的产品，如果不通过运输送至消费者手中进行消费，等于该产品没有被利用，因而也就没有产生使用价值。没有运输连接生产和消费，生产就失去了意义。一般认为，所有商品的移动都是运输，运输可以划分为两段：一段是生产厂到流通据点之间的运输，批量比较大、品种比较单一、运距比较长，这样的运输称为"输送"；另一段是流通据点到用户之间的运输，一般称为"配送"，就是根据用户的要求，将各类商品按不同类别、不同方向和不同用户进行分类、拣选、组配、装箱，按用户要求的品种、数量配齐后送给用户，其实质在于"配齐"和"送达"。

2. 包装功能

包装可大体划分为两类：一类是工业包装，或叫运输包装、大包装；另一类是商业包装，或叫销售包装、小包装。工业包装是为保持商品的品质，商业包装是为使商品能顺利抵达消费者手中，提高商品价值、传递信息等。由此看来，包装的功能和作用不可低估，它既是生产的终点，又是企业物流的起点。包装的作用是按单位分开产品，便于运输，并保护在途货物。注重包装是保证整个物流系统流程顺畅的重要环节之一。

3. 装卸功能

装卸、搬运是物流各环节连接成一体的接口，是运输、储存、包装等物流作业得以顺利实现的根本保证。装卸和搬运质量的好坏、效率的高低是整个物流过程的关键所在。装卸搬运工具、设施、设备不先进，搬运装卸效率低，商品流转时间就会延长，商品就会破损，就会增大物流成本，影响整个物流过程的质量。装卸搬运的功能是连接运输、储存和包装各个系统的节点，该节点的质量直接关系到整个物流系统的质量和效率，而且又是缩短物流移动时间、节约流通费用的重要组成部分。装卸搬运环节出了问题，物流其他环节就会停顿。

4. 储存功能

在物流中，运输承担了改变商品空间状态的重任，储存则承担了改变商品时间状态的重任。而库存是与储存既有密切关系又有区别的一个概念，它是储存的静态形式。产品离开生产线后到最终消费之前，一般都要有一个存放、保养、维护和管理的过程，也是克服季节性、时间性间隔，创造时间效益的活动。库存主要分为基本库存和安全库存。

基本库存是补给过程中产生的库存。在订货之前，库存处于最高水平，日常需求不断地"抽取"存货，直至该储存水平降为零。实际在库存没有降至零之前就要开始启动订货程序，于是在发生缺货之前，就会完成商品的储存。补给订货的量就是订货量。在订货过程中必须保持的库存量就是基本库存。

为了防止不确定因素对物流的影响，如运输延误，商品品种、规格、质量不符合要求，销售势头好，库存周转加快或紧急需要等，都需要企业另外储备一部分库存，这就是安全库存。

确定合理库存是企业物流管理的重要内容之一。但是库存管理并没有统一的模型，而且每个企业都有自己的存货管理要求，所以企业只能根据自己的具体情况，建立有关模型，解决具体问题。

5. 流通加工功能

流通加工就是产品从生产者向消费者流动的过程中，为了促进销售、维护产品质量，实现物流的高效率所采取的使物品发生物理和化学变化的功能。通过流通加工，可以节约材料、提高成品率，保证供货质量和更好地为用户服务。所以，对流通加工的作用同样不可低估。流通加工是物流过程中"质"的升华，可使流通向更深层次发展。

6. 配送功能

过去没有将配送独立作为物流系统实现的功能，未看成是独立的功能要素，而是将其作为运输中的末端运输对待。但是，配送作为一种现代流通方式，集经营、服务、库存、分拣、装卸、搬运于一身，已不仅仅是一种送货运输所能包含的，所以应将其作为独立的功能要素。

7. 物流信息处理功能

物流信息是连接运输、储存、装卸、包装各环节的纽带，没有各物流环节信息的通畅和及时供给，就没有物流活动的时间效率和管理效率，也就失去了物流的整体效率。通过收集与物流活动相关的信息，就能使物流活动有效、顺利地进行。

信息包括与商品数量、质量、作业管理相关的物流信息，以及与订货、发货和货款支付相关的商流信息。不断地收集、筛选、加工、研究、分析各类信息，并把精确信息及时提供给决策人员，以此为依据判断生产和销售方向，制定企业经营战略，以便做出高质量的物流决策。

与物流信息密切相关的是物流信息系统，即管理人员利用一定的设备，根据一定的程序对信息进行收集、分类、分析、评估，并把精确信息及时提供给决策人员，以便他们做出高质量的物流决策。物流信息系统的目的是不但要收集尽可能多的信息，提供给物流经理，使他们做出更多的有效的决策，还要与公司中销售、财务等其他部门的信息系统共享信息，并将有关的综合信息传至公司最高决策层面，协助他们形成战略计划。

二、物流和快递的区别

快递又叫速递，是门对门物流活动，指快递公司通过铁路、公路和空运等交通工具，对客户货物进行快速投递。显然，快递也是物流的一种，但是通常在国内商业贸易中，从业者会严格把快递和物流区分出来，主要原因是快递和物流两者在时效性、运输物品的体积和重量、费用等方面有明显的区别。

1. 物流和快递的时效性不同

快递提供门到门的服务，即上门取件，送件上门，时效性非常严格，目前可以达到的速度是在全国东部珠三角、长三角、京津冀地区可以实现当天到达，全国大部分地区可以一天到达，西部地区时效稍长。

物流服务这里指的是物流运输服务，一般是在一地有专门的物流场站或物流服务门店，物品如需通过物流发送，需要自行送到物流场站或物流服务门店，物流公司承接后运输到目的地场站或门店，通知收货人提货，收货人自行前往物流场站或门店提货。货物走物流所花费的时间较快递要长。

2. 运输物品的体积和重量不同

快递业由国家邮政监管，所运输的物品体积和重量有严格的限制，而且在包装上也有严格的要求，主要如下：

(1) 包装基本的要求是箱子内不能有空隙，标准是无晃动声并用力摁箱子的接缝口而不至于胶带脱落，同时要考虑到从 2 m 高度自然坠地地确保物品不至于损坏。

(2) 涉及空运物品的包装要特别加强，因为公路运输一般只需 1~2 次装卸，而空运则可能会有 6~7 次的装卸过程。

(3) 单件重量不超过 50 kg；标杆类货物的单件长度不得超出 180 cm；板类货物长宽相加不得超出 150 cm；对于过小的物品最小包装不能小于运单大小。

(4) 严格禁止子母包发运(指两个独立的物品通过简单捆绑、缠绕方式组合到一起成为一件物品)。

(5) 一般不怕摔和软质的物品(如衣物、包、毛绒玩具)可以采用塑料袋(PAK 袋)包装方式降低运输成本，但是要注意封口。

(6) 所有的内件物品用塑料薄膜或塑料纸先做一层包装。

(7) 对于本来带有销售包装的物品，商家考虑到运输的风险，可以在外面加包 1 层发泡薄膜后再加 2～3 层牛皮纸并用胶带反复缠绕即可。

(8) 自己包装时可以根据内件物品的不同情况选择 3 层或 5 层箱，为了降低成本可以通过团购的方式定制一批不同规格的纸箱。

(9) 对于自己包装的一般物品，可以准备一些废旧报纸撕开揉碎了在箱内做垫充(当然用海绵或泡沫塑料碎片更好)。

(10) 圆桶状物品的外包装不得短于内件，尺寸较长且易折断的物品应内衬坚实圆棍或硬质塑料的圆桶作为外包装物。

物流恰恰相反，过于小的物品因容易丢失反而不被物流公司所愿意接受，一般是重量大、尺寸大的物品，通常走物流运输。

3. 费用差别

快递和物流通常都是按照重量和距离计费，费用的差别比较大，快递一般按照每公斤计价，而物流一般是按照每吨计价。费用自然是快递比较高。电子商务中，网上购物催生了大量小件包裹的投递需求，一般快递公司大部分的业务都来自网络购物。

实训内容

运费模板设置操作如下。

1. 功能介绍

运费模板就是为一批商品设置同一个运费。当需要修改运费时，这些关联商品的运费将一起被修改。

如果发布商品时不想使用运费模板，可在发布商品时选择统一邮费。

运费模板设置

2. 操作路径

登录商城电脑端后台，依次选择订单→配送服务→快递发货后，进行下列设置：

(1) 新建模板名称和配送区域。

(2) 对配送区域进行设置。

从设置页面左边的省、市、区列表中选中想要添加的项。选择的省市区，将会添加到设置页面右侧的列表中。

(3) 对运费进行设置。

首件和续件，单笔订单首 n 件，运费 m 元，每增加 n 件，续费 m 元。例如，首 1 件，运费 10 元，每续 1 件，续费 5 元，则买家购买了 2 件该商品，第 1 件按 10 元收取，第 2 件按 5 元收取，合计 15 元。

如果想再设置一个区域的运费，则重复上面的操作。

3. 运费模板的使用

(1) 运费模板在发布商品的时候使用。

(2) 在物流/其他区域，点击运费模板下拉列表，选择要设置的运费模板即可。

4. 商品运费计算

计费方式包含按商品累加运费和组合运费两种。

1) 按商品累加运费

该方式是分别计算出商品使用模板的运费和统一运费的最大值，再进行累加。

(1) 不同或相同的商品，设置同一运费模板，按该模板设置的规则计算。不足续件或者续重的数目的时候，仍然按照续件或者续重的数目进行计算。

例如，商品 A 和 B 都是用模板 M(首件 10 元，续 2 件 5 元)，如果购买商品 A 和 B 各一件，则一共购买两件，运费 = 10 + 5 = 15 元。

(2) 多种商品，分别设置不同金额的统一运费，以最高运费金额收取。

例如，商品 A、B 和 C 的统一运费分别为 1 元、2 元和 3 元，一起购买这 3 个商品，则运费为 3 元。

(3) 不同的商品，设置不同的运费模板，分别计算每个运费模板规则应收运费，再累加计算合计运费。

例如，商品 A(1 kg)使用模板 M(首重 1 kg/10 元，续重 2 kg/5 元)，商品 B(0.5 kg)使用模板 N(首重 2 kg/12 元，续重 1 kg/5 元)，如果购买商品 A 和 B 各两件，则运费 = 模板 M 的运费 + 模板 N 的运费 = (10 + 5) + 12 = 27 元。

(4) 统一运费商品和运费模板商品一同结算，单独计算统一运费商品应收运费，再累加运费模板应收运费。

例如，商品 A 和 B 使用统一运费，分别为 2 元和 10 元，商品 C 使用模板 M(首重 1 件/10 元，续重 2 件/5 元)，商品 D(1 kg)使用模板 N(首重 2 kg/12 元，续重 1 kg/5 元)，购买 A、B、C 和 D 各两件。

此时统一运费(商品 A 和 B) = 10 元，运费模板运费(商品 C 和 D) = 模板 M 的运费 + 模板 N 的运费 = (10 + 5) + 12 = 27 元，则总运费 = 统一运费 + 运费模板运费 = 10 + 27 = 37 元。

2) 组合运费

该方法是先将使用统一运费和运费模板的商品分开计算，再取二者较大的值作为最终运费。

(1) 计算使用运费模板的运费价格 x：取所有商品中首件或首重金额最大的运费模板，计算使用该模板的所有商品运费；使用其他模板的所有商品都按照该商品所试用的续件或续费金额来计算；最后再求和。

(2) 计算使用统一运费的商品运费 y：取最大的统一运费。

(3) 比较 x 和 y，运费 = x 和 y 的较大值。

发布或编辑商品时，选择按重量计费的运费模板需要填写商品重量。如果商品没有规格，则需要填写商品重量；如果有规格，则需要填写每个规格的重量。

5. 设置商品满×件、×元免邮

可以使用"满减/送"功能，实现购买商品满×件、×元免邮。登录商城电脑端后台，依次选择应用→营销玩法→满减送功能。

可以使用"包邮工具"功能，实现购买商品满×件、×元免邮。登录商城电脑端后台，依次选择应用→配套工具→包邮工具。

一、微信物流助手

一般来说，快递公司主要为个人服务。比如，一份文件从北京寄到上海，要找的是快递公司，而不是物流公司。

物流公司主要为企业服务。比如，有一车货物从昆山运到北京，那么要找的是物流公司，而不是一般的快递公司。

微信物流助手是微信官方提供的免费物流工具。商家使用该工具，可直接获取多家快递公司电子面单的单号等信息，再完成电子面单打印，即可通知快递公司上门揽收。

目前，支持微信物流的快递公司有 12 家，即圆通速递、中通快递、百世快递、韵达快递、顺丰速运、中国邮政速递、品骏快递、承诺达特快、德邦快递、申通快递、安能物流和优速快递，如图 10-16 所示。若希望更多的快递公司接入微信物流助手，可登录微信公众平台下的小程序，在物流助手中提交意向申请。

图 10-16　快递公司

二、运用物流助手发货

设置一个全国不包邮的运费模板，并利用微信物流助手发货。

任务4　订单管理

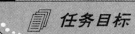

- 知识目标：了解订单管理的主要内容。
- 能力目标：能进行分销管理和批量订单管理。
- 素质目标：提升自主学习和解决问题的能力。

私域运营、社群管理并不难！60岁外婆管理2000多SKU，玩转私域运营

管理2000多SKU(Stock Keeping Unit，库存量单位)，维护4000多忠实老客户，天天乐此不疲，每个月还能有50万元的销售额。也许你很难相信，这是一位将近60岁、已经退休的人正在做的事。

★ 退休后不忘"充电"，20人社群起步再创业

年轻时的上海外婆，曾经创办过财务公司，服务过不少大型客户，了解到各行各业的前沿动态，也培养出了敏锐的市场洞察力。

2016年年初，上海外婆跟随一位年轻人组办新农人交流会，参观江苏兴化当地的养殖基地，接触到一批年轻创业群体，随后萌生了边为家人找健康食品，边分享卖货的想法。说做就做，不久后她依靠自己朋友圈和女儿同事的人脉，拉起了20人的微信群，开始了又一次"不服老"的创业之路。

最初是以分享优质水果的形式建群，一开始上海外婆经常给群里的朋友发放产品进行试吃，这样做大大减少了他们的消费顾虑。另外，她的生鲜水果都经过自己严格的挑选，在保证品质上佳、价格实惠的同时，减少了很多中间环节，让大家吃到最新鲜的当季水果。售后方面，她让收到坏果的人自己拍图上传，填写赔付金额，坏果超过一半则直接重发。这样很快取得了客户的信任。

★ 2000+优质货源哪里来

现在，上海外婆的店铺同时上架了2000多个SKU，这当中涉及大量的工作内容，包括店铺装修、详情页文案、优惠活动以及售后处理等，她一个人就把这些全部搞定了。上海外婆选择加入有赞商盟，并在商盟的交流群中与各个类目的供货商对接，店铺的产品数量、种类很快就翻了好几倍；她还通过对方已有的详情页图文，轻松上架产品；后续的发货、售后等也都可以找供货商直接处理，大大降低了店铺所需的人力和资金成本。

目前，上海外婆同时对接的供货商群达到了300多个，这都要归功于她在发掘、培养

优质供货商上总结出的成熟经验：

(1) 推出热销、网红产品，关注公众大号的近期爆文，如慈怀、匠库、有料、种草社等，再匹配店铺客户的需求进行采购。

(2) 上架进口商品，首选直接进口的商家，或者产品在中国的总代理商，减少退货，保证店铺口碑。

(3) 对于百货、服装等复购率高的商品，定期分享购买推荐、优惠搭配等，让客户产生共鸣，提高订单转化率。

★ 每月近50万元业绩，售后率低至5%，靠的是用心对待每位老客户

对于上海外婆来说，每天坚持在朋友圈发布动态，将自己从线上社群、线下基地找到的各类好货，以及生活中的点点滴滴一一分享，已经是再正常不过的一件事。轻松乐观的生活状态，一丝不苟的服务态度，正是她最大的魅力，也是客户长期光顾店铺的重要原因。

对于这些忠实的老客户，上海外婆花费了大量时间和心思去琢磨，希望能够为他们服务得越来越好。因此，她经常鼓励大家参加一些活动。

(1) 鼓励老客户们购买产品后，积极分享图片、文字等形式的买家秀到朋友圈，定期从中抽取一部分人，发放产品小样等作为奖励。

(2) 按照地区组建老客户微信群，方便后续发货。在邀请新人进群方面，制定审核标准和优质福利。例如：亲朋好友同时在群，赠送水果试吃福利；儿童节为群里家长的宝宝们发衣服、保温杯等赠品。

(3) 使用销售员功能制作销售员海报，利用一定金额的佣金奖励，刺激老客户们互相推荐购买过的产品，加上同一个群里的大都是当地的熟人，对于订单量的增加有很不错的效果。

(4) 选取分享积极性高的老客户，任命为"红领巾"，用福利试吃来协助管理社群，减少自身的维护压力。

如今，这些老客户们都信任上海外婆，支持她"退而不休"再次创业，成了她的忠实铁粉，很乐意帮助她分享、宣传，店铺每月的业绩也很可观，达到了近50万元。尤其是售后率让她很是自豪，足足低至5%，而且复购率超过60%，累计下单达到上千次的客户也不在少数。

一、订单管理系统概述

订单管理是对商户下达的各种指令进行管理、查询、修改、打印等，同时将业务部门处理信息反馈至商户。订单管理系统一般包括订单处理、订单确认、订单状态管理(包括取消、付款、发货等多种状态，以及订单出库和订单查询)等。

二、基本功能

1. 订单管理

系统可实现单次及批量订单，订单管理与库存管理相连接，并且在下订单时有库存预警及提示功能，订单管理同时与客户管理相连接，可查询历史订单情况以及订单的执行情况。

2. 经销商管理

系统以企业的销售渠道建设为重点，对供应链中的信息流、物流和资金流进行系统规划，全面实施和进行过程监控，加强企业与销售商之间业务的紧密合作，通过规范经销商内部的业务流程提高其资源管理方面的能力，同时向客户提供全方位的销售体验和服务。

3. 仓库管理

仓库管理以条形码为数据源，使用数据采集终端扫描条码标识，进行数据采集。系统从级别、类别、货位、批次、单件等不同角度来管理库存物品的数量，以便企业可以及时了解和控制库存业务各方面的准确情况，有效地进行产品物流监控。

4. 销售费用管理

销售费用都花到哪里去了？不少企业的市场负责人都在为这个问题而苦恼，投入了大量经费用于渠道和终端建设，但是在市场上似乎感觉不到一点效果。销售费用管理为商家建立了一套完善的销售费用管理体系，可帮助商家把费用控制在合理范围内。

5. 费用预算及考核

企业财务预算的监控就是在财务预算执行过程中对预算执行情况所进行的日常监督和控制。通过预算监控发现预算执行的偏差，对企业各责任中心预算执行结果的考核，是保证财务预算管理体制发挥作用的重要手段和环节。

6. 直供客户结算

统计报表和直供客户的对账单都可以自动生成 Excel 电子表格文件，避免了大量烦琐的计算和文件格式转换。对账单能够明确地反映每个直供客户的款项明细。

三、订单管理系统的优点

企业的订单管理是涉及企业生产、企业资金流和企业经营风险的关键环节。订单管理是企业管理中的源头管理。实施了订单管理系统后，企业的管理将迈上一个新的台阶。其主要优点如下：

(1) 该系统投资少，数据和系统安全性好，且准确、及时、便利，减少了大量的简单重复劳动，节约了纸张、人力、通信费用和时间。

(2) 该系统是根据订单批准量开出库量。出库量不允许大于订单的批准量，通过严格的流程和额度控制，可较好地规避企业经营风险。同时可减少应收账款的额度，减少企业的资金压力。

(3) 通过客户的信息表和绩效信息表，各级管理者可随时掌握全国客户的情况。避免业务人员的"暗箱操作"以及由于业务人员的流失造成公司客户流失现象的发生。

(4) 通过各品种的订货量、出库量和返货量的对比，进一步分析产生差异的原因，分析经营中的问题，及时调整经营策略，减少可控的损失。

(5) 减少问题件的发生情况，可以迅速查询订单。

有赞商城的订单管理操作如下：

一、功能路径

登录有赞商城电脑端后台，依次选择订单→交易订单→订单查询。

二、流程介绍

1. 查看订单

在订单中选择订单查询，可以查看所有订单列表，如图 10-17 所示。

图 10-17　查看订单

(1) 订单按类型可筛选为普通订单、代付订单、送礼订单、心愿订单、分销订单、扫码收款、酒店订单、多人拼团订单、积分兑换订单等。

① 代付订单：可以查看支付进度。

② 送礼订单：消费者下单后必须将礼物发送给朋友，朋友填写好收货信息领取之后，商家才能发货给收礼人。

③ 心愿订单：商家可开启"心愿单"功能(仅认证服务号可用)，消费者使用"心愿单"可产生订单。

④ 分销订单：如果是分销商，可由此筛选出所有来自分销的订单。

⑤ 扫码收款：商家使用"扫码收款"功能产生的订单。

⑥ 酒店订单：消费者购买酒店商品生成的订单。

⑦ 多人拼团订单：商家使用"多人拼团"功能产生的拼团订单。

⑧ 积分兑换订单：消费者使用"积分兑换"产生的订单。

(2) 按付款方式可筛选为微信支付、银行卡、支付宝、有赞零钱等。

（3）按配送方式可筛选为快递发货、上门自提和同城配送，如图 10-18 所示。

图 10-18　按配送方式筛选待发货

2. 操作发货

筛选出待发货订单，即可进行发货操作，发货可选需要物流或无需物流。

3. 导出订单

选择下单时间范围后，可导出订单报表。支持导出"标准报表"和"自定义报表"两种形式的报表。

实战任务

一、分销平台页面介绍

1. 分销供货单详情页

登录有赞商城电脑端后台，依次选择订单→订单管理→交易查询→分销供货单。

点击"查看供货信息"，通过滑动进度条可查看供货价等信息。

2. 订单导出

供货商可以进行订单导出，路径为：登录有赞商城电脑端后台，依次选择订单→分销供货单→导出报表来选择自定义报表。

可以选择以订单维度导出数据，配置字段有分销推广补差、分销推广佣金。可使用订单实付金额减去分销推广佣金，预估订单收入，如表 10-1 所示。

表 10-1　以订单维度导出数据

订单号	订单类型	订单状态	订单创建时间	交易成功时间	订单实付金额	分销推广补差	分销推广佣金	资金结算状态
E2019060313493902630016	分销供货订单	交易完成	2019-06-03 13:49:39	2019-06-03 13:51:36	6.2	0.2	0	是
E2019052914555100330007	分销供货订单	交易完成	2019-05-29 14:55:51	2019-05-29 14:57:02	6.2	0	0	是
E2019052800173509830033	分销供货订单	交易关闭	2019-05-28 00:17:35		5.1	0	1.1	否
E2019052710405109830001	分销供货订单	交易关闭	2019-05-27 10:40:51		13.2	0.2	3.1	否

系统新增了分销采购单详情页，路径为：在订单中依次选择订单查询→分销采购单，点击订单列表上的订单号即可查看。

3. 资金对账

(1) 订单在交易完成进行结算时，系统会进行以下操作：

① 将供货订单金额结算给供货商。

② 收取交易手续费、平台服务费。

③ 替供货商给分销商支付推广佣金。

④ 给供货商一笔平台手续费补贴。

(2) 资金对账，订单在交易完成进行结算时，会给分销商一笔推广分佣。

二、分销管理

为店铺选择一个供货商，进行分销管理，导出分销采购单。

三、订单管理

进行订单管理，导出发货报表。

任务5　客 户 管 理

 任务目标

- 知识目标：掌握客户关系管理的含义和主要内容。
- 能力目标：能完成客户管理的设置。
- 素质目标：提升自主学习、独立思考的能力。

 案例引入

2021 年，小牛凯西着重在抖音赛道上发力，连续多个赛季拿下销量第一，作为家庭牛排第一品牌，全年销售额已超 10 亿元。

在公域尝到"甜头"后，小牛凯西并没有就此停步。小牛凯西私域负责人牛怀海(书纳)认为用户才是品牌最重要的资产，而微信生态目前是沉淀用户的最好方式，所以需要在微信生态做私域。

★ 包裹卡目的不止做加粉，更是对优质客户的筛选

目前，小牛凯西已经累积下 20 万私域用户，每个月持续高速增粉 5 万～7 万人。保持高增长的秘密，就是包裹卡。

要想转化率高，就要做到足够"吸引用户"。通常包裹卡的丢弃率非常高，那么用户丢掉的原因是什么？因为觉得没用。小牛凯西从"视觉吸引"和"利益吸引"两个维度出发，让客户觉得包裹卡有用。

第一，包裹卡大面积使用营销色——红色，从视觉上紧抓关注度。

第二，在包裹卡设置"由头"和"钩子"。小牛凯西利用有赞抽奖功能，设计"100%中奖抽奖活动"，并在包裹卡背面印上5个奖品，注明奖品五中一。

包裹卡上显示四等奖可得8.88元红包，用户心理上就会觉得保底也能得到8.88元的微信红包。这样一来，就能给足客户立刻扫码的"行动点"，提升加微率。而二等奖和三等奖则是能够有效带动用户私域下首单的奖励——首单赠送实物礼包和30元无门槛优惠券。每一样奖品价值感都极高。

★ 私域用户预期管理，打造极致的客户体验

客户加到私域后做什么？小牛凯西特别的地方在于，先做用户的预期管理。小牛凯西把不符合客户购买预期的分为两种类型：一种是产品因素，就是产品本身就不行；另一种是人为因素，比如牛排煎3~5分钟口感最佳，而用户煎了10分钟却认为口感不好。

这种人为因素，在预制菜行业非常普遍。公域缺失的预期管理，就需要由私域来完成。

第一，私域提供专业的烹饪指导，让客户知道如何制作能让牛排达到最佳口感，从而提升对产品的好感度。

第二，客户在加微的时候也会有预期。大多数商家会在加微时提供福利，导致用户有了加微领福利这样先入为主的观念。这样的客户，黏性非常低。

怎么改变客户的主观印象？小牛凯西会想尽一切办法让客户先完成私域首单消费，让客户完整地体验私域购买流程。在价格上，入会后比公域平台更优惠；在服务上，下单后私聊确认地址，到货提醒签收客户取件；在沟通上，给客户发食谱，一对一教授制作流程。

一系列操作下来，充分满足甚至超过客户的服务预期，客户也就更愿意在私域继续下单了。

优质的服务也代表着更高的运营成本。小牛凯西采取分层运营策略，客户先全部添加企业微信，再筛选一部分进群，已下单用户再添加个人微信深度运营，以此提升综合运营效率。

★ 付费会员＋积分商城，私域复购率高达80%

有了客户黏性，就可以开始做复购了。小牛凯西私域复购率高达80%，离不开付费会员和积分商城的助力。

借助有赞会员权益卡功能，小牛凯西设计了价值28元/365天的超级会员卡，并赠送66元会员礼包，首次下单就能随单赠送，"首单即回本"，还能尊享十二大权益，购物享受会员价。另外，会员储值还能享受折上折，充200送20。

此外，利用有赞积分商城，小牛凯西搭建起了"小牛人的积分乐园"培养客户黏性，关注、签到、消费、储值、邀请好友都能得到相应积分，积分可用于兑换产品。

公域转私域，再搭配有赞的营销方法，小牛凯西从启动初期就表现惊人，30天即拿下百万营收。

一、客户关系管理的含义

客户关系管理的定义是 1993 年由 Gartner 集团首先提出的。客户关系管理更多的是一个持续不断了解客户需求、不断加强与客户沟通的过程，在过程中收集不同的反馈，并不断改进和完善产品与服务，满足客户需求。客户关系管理重点在于与客户的沟通，客户关系管理不是传统的以产品为中心或以市场为中心的，在客户关怀过程中与选定的客户建立长期有效的业务关系是企业的重要运作准则。为了提高沟通便利性，客户关系管理可以为客户提供多种沟通渠道，在接近客户、了解客户中实现利润和市场份额的最大化，提高客户忠诚度和保留率，实现客户价值的持续贡献，从而全面提升企业的核心竞争力。

二、客户关系管理的主要内容

"客户之战"已经成为现代市场竞争的主旋律，一个企业如果能积极主动地面向客户、注重客户的需求和利益、最大限度地满足客户需求，就能把潜在客户变成成交、合作的客户，把新客户变成老客户，把老客户变成终身客户。客户满意度也叫客户满意指数，是客户期望值与客户体验的匹配程度。众多企业为了扩大市场份额，必须提高客户满意度。面对不同的客户，企业应针对性地进行客户关系管理，具体来说分为以下内容：

1. 为客户提供高质量的服务

在营销管理中，高品质的服务能够为企业带来较高的客户满意度。为客户提供优质的服务，除了能实现在一个地区和一段时间内快速营造良好的用户口碑，还能极大地提高用户对企业的认可和拥护，为企业带来更多成交合作的可能，由点及面地形成企业自身的"服务应用案例"，帮助企业打造良好的品牌形象。

2. 持续收集和研究客户需求信息

"以客户为中心"是目前市场上大多数企业的战略。"以客户为中心"的本质是为客户/用户获取最大价值。以用户需求为出发点为用户解决实际的痛点，解决的痛点越多，打造出的产品越受市场欢迎。在这种情况下企业必须不断地收集目标客户的服务需求，研究现有产品的用户痛点，提升产品品质、服务，以此实现企业持续稳定的增长和发展，为企业赢得新客户、稳固老客户，综合提升客户满意度。

3. 按客户类型匹配服务水平

企业面对不同的客户，应有不同的、有针对性的营销策略。如果企业想要较为准确地评估和预测每个客户的服务成本与投资回报率，那么划分客户类型必不可少。通过划分客户类型，能够使企业为每个客户提供价值相匹配的服务。

4. 更加重视"客户资源"的价值

客户资源的价值被越来越多的企业所重视，但是目前较多的客户资源一般都局限在客户文件级别。随着市场环境变化和日益激烈的竞争趋势，企业也不断地增加新的部门来进行专业化、集中化管理，以保存企业客户资源、客户档案及相关业务数据。企业将"客户资源"作为重要资产进行管理，通过网络、电话、营销活动等多样化的渠道获取更多的客户资源，全面了解市场需求，加强销售管理，以此提升合作成功率。

为了满足商家日常经营中移动端的办公诉求，比如调整会员等级、发放权益卡等，有赞微商城 App 升级了客户管理能力。

客户管理设置功能说明如下：

(1) 在客户列表和客户详情页，新增运营操作快捷入口，支持"加微信、给积分、加标签、设置权益卡、发放优惠券、设置会员等级"。

① 点击客户列表右上角的"..."按钮，展示操作列表，支持"给积分、加标签、设置权益卡、发放优惠券、设置会员等级"，支持自定义角色。

② 在客户详情页的底部快捷按钮区域，支持"加微信、给积分、加标签、设置权益卡、发放优惠券、设置会员等级"，支持自定义角色。若按钮数多于 3 个，则第三个按钮展示为"其他"，点击"其他"展示其余所有快捷入口。

(2) 客户列表支持根据"上次消费时间、成为客户时间、成为会员时间"进行筛选。

(3) 客户列表页支持手动添加客户。点击右上角的"＋"按钮，进入添加客户页面，输入手机号，点击"下一步"则添加成功并进入完善客户信息页。若暂时不需要补充信息，则可以跳过完善信息流程。

(4) 可以查看更多客户基本信息，包括付费会员等级、成为客户时间、来源方式、来源渠道、成为会员时间、最近浏览时间、最近收货地址等。

① 付费会员等级信息在客户列表和客户详情均能查看，标签前缀为 SVIP(Super Very Important Person，超级会员)，若无付费会员等级，则标签不展示。

② 成为客户时间、来源方式、来源渠道、成为会员的时间、最近浏览时间、最近收货地址均可在客户详情页点击头像栏的">"按钮，进入基本信息页进行查看。

一、微商城连锁

连锁店是指众多小规模的、分散的、经营同类商品和服务的同一品牌的零售店，在总部的组织领导下，采取共同的经营方针、一致的营销行动，实行集中采购和分散销售的有机结合，通过规范化经营实现规模经济效益的联合。

连锁店是指将自己所拥有的商标、商号、产品、专利和专有技术、经营模式等以特许经营合同的形式授予被特许者使用，被特许者按合同规定，在特许者统一的业务模式下从事经营活动，并向特许者支付相应的费用。特许企业的存在形式具有连锁经营统一形象、统一管理等基本特征。

连锁店可分为直营连锁(由公司总部直接投资和经营管理)和特许加盟连锁(通过特许经营方式组成的连锁体系)。后者是连锁经营的高级形式。连锁店的形式可以包括批发、零售等行业，以至饮食及服务行业都可以按照连锁式策略经营。

微商城品牌连锁为品牌打造多渠道营销，帮助每一位重视产品和服务的多门店、多网点经营商家。为门店赋能，让每一个门店拥有独立网店，覆盖更多客户；为总部赋能，连接总部、门店、网店，集中管理。

每个门店搭建独立网店，建立总部管理平台，实现网店装修、商品、营销一体化管理。汇总各店数据，统一输出精细化管理方案。提供开放接口，支持多系统打通，提升运营效率。实现门店经营区域化、网店经营一体化，服务更多客户，带来更多业绩增长。

二、微商城连锁客户管理与储值

微商城连锁客户管理与储值如表 10-2 所示。

表 10-2　微商城连锁客户管理与储值

客户管理与储值	任 务 管 理
客户管理	(1) 总部：客户查询、客户分群、客户导入、标签管理； (2) 网店：客户查询、标签管理
会员等级与权益	(1) 总部：等级管理、任务管理、权益配置； (2) 网店：等级管理、任务管理、权益配置
人群运营&场景营销	(1) 人群运营的创建与使用； (2) 场景营销的创建与使用
积分管理	(1) 总部：设置积分规则和搭建积分商城； (2) 网店：查看积分规则和积分商城展示
储值操作及运营	(1) 储值功能的介绍； (2) 储值运营

三、会员管理

会员管理包括：设置会员等级与权益；设置积分规则，搭建积分商城。

知识拓展

茶 与 文 学

　　中国关于茶的文学作品不胜枚举，仅古诗词一项，总数就在 2000 首以上。

茶与文学

　　有关资料显示，最早的关于茶的文学作品是杜育的《荈赋》。

　　唐代著名诗人白居易的 2800 首诗歌作品中，与茶有关的有 60 首，而他本人也是品茶行家，一天到晚茶不离口。

　　唐代诗人卢仝所作的《走笔谢孟谏议寄新茶》脍炙人口，历久不衰。这首诗的部分文字为："一碗喉吻润，二碗破孤闷。三碗搜枯肠，唯有文字五千卷。四碗发轻汗，平生不平事，尽向毛孔散。五碗肌骨清，六碗通仙灵。七碗吃不得也，唯觉两腋习习清风生。"

　　北宋范仲淹所作《斗茶歌》描绘了茶文化在当时的盛行。

　　北宋苏轼所作《汲江煎茶》描写了诗人在月明之夜亲自用大瓢汲取活江水烹茶的情景："活水还须活火煮，自临钓石取深清。大瓢贮月归春瓮，小杓分江入夜瓶。雪乳已翻煎处脚，松风忽作泻时声。枯肠未易禁三碗，坐听荒城长短更。"

　　关于茶的散文、小品文、书信等很多，著名的有柳宗元的《为武中丞谢赐新茶表》、刘禹锡的《代武中丞谢赐新茶表》、吕温的《三月三日花宴序》、皮日休的《茶中杂咏序》、苏东坡的《叶嘉传》、唐庚的《斗茶记》、张岱的《闽老子茶》等。

参 考 文 献

[1] 袁野，李庆海. 中小微企业电子商务立体化教程. 北京：北京交通大学出版社，2021.

[2] 吴凌娇，宋卫. 网上创业. 北京：高等教育出版社，2013.

[3] 徐林海，林海. 微信营销. 北京：人民邮电出版社，2018.

[4] 李小斌，阳娟娟，尹波. 移动电子商务. 北京：中国人民大学出版社，2018.

[5] 陈月波. 电子商务实务. 北京：中国人民大学出版社，2018.

[6] 王栖，王娟，吴瑞杰. 客户关系管理. 北京：电子工业出版社，2019.